Editorial

Liebe Leserinnen, liebe Leser,

Osterrode ist ein beschaulicher Ort, pittoresk durchaus und am Rande des Harzes gelegen. Und doch war dieser etwas abseitige Ort für zweieinhalb Tage das Zentrum einer Welt – der Haiku-Welt, der deutschsprachigen zumindest. Anfang Mai hatte die Deutsche Haiku-Gesellschaft dorthin eingeladen, und viele von Ihnen kamen. Wer nicht dabei sein konnte, der findet Impressionen und Poetisches zu den DHG-Tagen im Harz in diesem Heft. Übrigens, die Vorbereitungen der nächsten Mitgliederversammlung 2026 laufen schon, wir arbeiten bereits daran! Bleiben Sie gespannt.

Vom Ende einer Arbeit, eines Lebensabschnitts gar, erzählt das folgende Haiku

> letzter Arbeitstag
> die Leere
> auf meinem Schreibtisch

Es stammt von Sylvia Hartmann, die vor etwa vier Jahren zum Haiku kam, in diesem Jahr in den Ruhestand wechselte und dabei wohl auf einen leeren Schreibtisch blickte.

Nun, der Schreibtisch wird sich bald wieder füllen, denn Sylvia Hartmann wird ab sofort als frische Kraft die Redaktion SOMMERGRAS verstärken. Wir freuen uns sehr darüber, herzlich willkommen, Sylvia!

Und nun hoffen wir, dass auch Sie viel Grund zur Freude haben werden – bei der Lektüre dieses Heftes. Kommen Sie gut in den Herbst!

Herzlich
Ihr
Horst-Oliver Buchholz

Inhalt

Deutsche Haiku-Gesellschaft e. V.

Die Deutsche Haiku-Gesellschaft e. V.[1] unterstützt die Förderung und Verbreitung deutschsprachiger Lyrik in traditionellen japanischen Gattungen (Haiku, Tanka, Haibun, Haiga und Kettendichtungen) sowie die Vermittlung japanischer Kultur. Sie organisiert den Kontakt der deutschsprachigen Haiku-Dichter untereinander und pflegt Beziehungen zu entsprechenden Gesellschaften in anderen Ländern. Der Vorstand unterstützt mehrere Arbeits- und Freundeskreise in Deutschland sowie Österreich, die wiederum Mitglieder verschiedener Regionen betreuen und weiterbilden.

[1]Mitglied der Federation of International Poetry Associations (assoziiertes Mitglied der UNESCO), der Haiku International Association, Tokio, Ehrenmitglied der Haiku Society of America, New York.

Anschrift	Deutsche Haiku-Gesellschaft e. V., z. Hd. Petra Klingl, Wansdorfer Steig 17, 13587 Berlin
Vorstand	
Info/DHG-Kontakt und Redaktion	Eleonore Nickolay, eleonore.nickolay@dhg-vorstand.de
Redaktion	Horst-Oliver Buchholz, horst-oliver.buchholz@dhg-vorstand.de
Kassenwartin	Petra Klingl, petra.klingl@dhg-vorstand.de
Website	Claudia Brefeld, post@claudiabrefeld.de
Internationale Kontakte	Klaus-Dieter Wirth, kd.wirth@dhg-vorstand.de
	Peter Rudolf, peter.rudolf@dhg-vorstand.de
	Frank Sauer, frank.sauer@dhg-vorstand.de
	Tobias Tiefensee, tobias.tiefensee@dhg-vorstand.de
Bankverbindung:	Landessparkasse zu Oldenburg, BLZ 280 501 00, Kto.-Nr. 070 450 085 (BIC: SLZODE22XXX, IBAN: DE97 2805 0100 0070 4500 85)

Bibliografische Information der Deutschen Nationalbibliothek:
Die Deutsche Nationalbibliothek verzeichnet diese Publikation
in der Deutschen Nationalbibliografie;
detaillierte bibliografische Daten sind im Internet über dnb.dnb.de abrufbar.

© 2024 Haiku-Gesellschaft e. V. Deutsche (Hrsg.)
Verlag: BoD • Books on Demand GmbH, In de
Tarpen 42, 22848 Norderstedt
Druck: Libri Plureos GmbH, Friedensallee 273,
22763 Hamburg
ISBN: 978-3-7597-0667-6

Eleonore Nickolay

Haiku-Agenda 2025

Über die Jahre ist die Haiku-Agenda vielen DHG-Mitgliedern ans Herz gewachsen. Dank des Angebots von Petra Klingl, den schönen wie praktischen Wochenplaner im Auftrag der DHG in ihrem Rotkiefer Verlag zu verlegen, wird er uns auch durch das kommende Jahr begleiten können.

Foto und Gesamtgestaltung des Covers stammen von Petra Klingl, der ich im Namen des DHG-Vorstands herzlich danke.

Aus dem reichen Fundus der Mitgliederseiten und der Haiku-Auswahlen der SOMMERGRAS-Ausgaben der Nummern 138 bis 143 haben Petra Klingl und ich 53 jahreszeitenbezogene Haiku ausgesucht.

Die Autoren und Autorinnen werden von mir persönlich benachrichtigt.

Ich gratuliere ihnen auch noch einmal herzlich an dieser Stelle im Namen des DHG-Vorstands.

Und hier als Vorgeschmack auf die Haiku der Agenda 2025 eine Reise durch die Jahreszeiten, beginnend mit dem Herbst:

Herbstnebel
sie rahmt ihr erstes Aquarell
Mandelblüten

Ruth Karoline Mieger

fremde Stadt
der Mann ohne Obdach
wünscht frohe Weihnacht

Evelin Schmidt

Abgelegenes Ufer.
Im verrottenden Boot
blühen Gräser.

Reinhard Dellbrügge

ein Brief vom Meer
auf dem Küchentisch
wird der Kaffee kalt

Frank Sauer

Die Haiku-Agenda 2025 erscheint im Rotkiefer Verlag im Auftrag der DHG.

Auf einen Blick:

Wöchentlich ein Haiku eines Mitgliedes der Deutschen Haiku-Gesellschaft / Umfangreiche Kalendarien / Haiku-Glossar, freie Seiten für Notizen / Für Autoren 20 % Rabatt / 12 x 19 cm; 176 Seiten; Ringbuch. ISBN: 9783949029387 / Lieferbar: September 2024

KreAktiv

Karumi, das Schöne im Einfachen

Von Haiku-Momenten wird oft gesprochen, womit in der Regel anscheinend eher unbedeutende Momente, Beobachtungen oder Szenen gemeint sind, in denen verborgen aber mehr zu sehen ist; etwas, das über sie hinausweist bei aller gebotenen Zurückhaltung. In eine ähnliche Richtung weist der japanische Begriff *karumi*, „Leichtigkeit“. Gemeint ist damit „die Unbeschwertheit des schlichten Ausdrucks bei tiefstmöglicher Einfühlung, womit vor allem die Schönheit ganz gewöhnlicher Dinge angesprochen wird …“[1] – ein schöner Gedanke, nicht wahr? Ein tiefer zugleich. In diesem Sinne möchten wir Sie einladen: Schreiben Sie ein Haiku, in dem solches zum Ausdruck kommt, dem Gedanken des *karumi* folgend, Einfaches also, in dem sich doch Schönheit mitteilt, ein einfacher Ausdruck, dem aber tief Empfundenes zugrunde liegt, das über Konkretes hinausweist. Sicher nicht einfach, aber ebenso sicher ein weiter Raum, der sich poetisch füllen lässt. Wir freuen uns auf Ihre Haiku, von denen wir eine Auswahl im nächsten Heft präsentieren werden. Schicken Sie Ihr Haiku bitte an:

redaktion@sommergras.de
Stichwort: Haiku KreAktiv
Einsendeschluss ist der 15. Oktober 2024

---

[1] Klaus-Dieter Wirth, „Japanisches Glossar …“, Rotkiefer Verlag, Berlin 2022

Haiku-Kaleidoskop

Klaus-Dieter Wirth

Das Senryu

Im Gegensatz zur westlichen Welt hat in Japan selbst bis heute nie eine Diskussion hinsichtlich der Unterscheidung zwischen einem Senryu und Haiku stattgefunden. Das liegt ganz einfach daran, dass man sich hierzulande letztlich nicht die erforderliche Mühe gemacht hat, das, was im Mutterland dieser Literaturgattungen als klar definiert gilt, nachzuvollziehen und entsprechend zu verinnerlichen.

Aufs Ganze gesehen sind es die folgenden zwei äußerlichen Überlappungen, die dazu führten, dass man bei der Übernahme nicht die notwendige Geduld und Sorgfalt aufbrachte: Beide Kurzgedichtformen zeigen den gleichen traditionellen Aufbau in drei Teilen bzw. Zeilen mit jeweils 5-7-5 Moren bzw. Silben. Dabei ist jedoch festzuhalten, dass diese Übereinstimmung Japanern durchaus geläufig erscheint, da sich quasi ihre gesamten Lyrikformen traditionell auf gerade diesem besonderen Rhythmus aufbauen, der bereits ganz allgemein dem Grundmodus der japanischen Sprache entspricht. Doch auch das Haiku bringt – entgegen weitläufig verbreiteter Annahme im Westen – gelegentlich durchaus Szenen aus dem menschlichen Umfeld. Die vereinfachte Differenzierung, dass das Haiku sich inhaltlich nur mit der Natur, das Senryu dagegen nur mit dem menschlichen Bereich beschäftigt, ist also schon an dieser Stelle grundlegend falsch. Dazu gleich einige diesbezügliche Haiku-Beispiele:

Mitten in der Stadt
Gerüche nach so vielerlei –
und der Sommermond

> Nozawa Bonchō (1640/42–1714)
> Übers. Ekkehard May

Hingestreckt auf dem
Boot zwischen Gepäckstücken –
such ich frierend Schutz

    Mukai Kyorai (1651–1704)
    Übers. Ekkehard May

Desde lo alto
mientras se columpia
manda saludos.

    Tan Taigi (1709–1771)
    Übers. Vicente Haya

Die erste Liebe –
ganz eng zur Laterne hin
Gesicht zu Gesicht

    Tan Taigi (1709–1771)
    Übers. Ekkehard May

Boven op het dak
ligt een natte kinderbal
in lenteregen.

    Yosa Buson (1716–1784)
    Übers. J. van Tooren

the paper weights
on the picture books in the shop –
the spring wind

    Takai Kitō (1741–1789)
    Übers. David Cobb

Dienstbotenwechsel –
für die jungen Herzen bringt er
große Wehmut mit

    Hattori Ransetsu (1654–1707)
    Übers. Ekkehard May

Von der Schaukel her
grüßt mich Liebreiz überfließend –
aus großer Höhe

    Übers. Ekkehard May

Beim Federballspiel –
ganz unschuldig lässt sie noch
ihre Beine fliegen

    Tan Taigi (1709–1771)
    Übers. Ekkehard May

Oben auf dem Dach
liegt ein nasser Kinderball
im Frühlingsregen.

Auf die Bildheftchen
im Laden legt man Gewichte –
Frühlingswind

    Übers. Ekkehard May

Die Tatsache, dass Haiku den menschlichen Bereich in der Tat viel seltener thematisieren, hängt mit zwei wesentlichen Faktoren zusammen: Einmal kommt hier das Ergebnis seiner besonderen Entwicklungsgeschichte zum Tragen, entstanden aus der jahrhundertealten Tradition der Kettendichtung mit ihrem hochstilisierten Naturkosmos; zum anderen war Japan bis zu seiner erzwungenen Öffnung nach außen im Jahre 1853 ein überwiegend von seiner Landbevölkerung geprägtes Land geblieben, dabei ständig umgeben von der Dominanz und den Gewalten seiner Natur mit ihren Vulkanausbrüchen, Monsunregen, Taifunen und Tsunamis. Und so konnte erst durch den direkten Kontakt mit der westlichen Welt die rasch einsetzende Urbanisierung und Industrialisierung entscheidend neue Akzente setzen. Dennoch ist letztlich allemal festzustellen, dass die weit verbreitete Annahme, das Haiku beschäftige sich thematisch ausschließlich mit Phänomenen aus dem Bereich der Natur, definitiv nicht zutrifft. Logischerweise hat sich dazu aufgrund der rasanten technischen und sozialen Entwicklung in der Neuzeit ergeben, dass der Anteil an Haiku auch mit Bezug auf den rein menschlichen Bereich deutlich zugenommen hat:

walking out of a cinema
I stopped seeing
a poster of fire

    Takahama Kyoshi (1874–1959)
    Übers. L. P. Lovee

aus dem Kino kommend
verharrte ich und sah
ein Poster mit Feuer

Ruhetag heute –
allein in der Fabrik ein
weißer Schmetterling

    Izumi Tenrō (1886–1948)
    Übers. Hachirō Sakanishi

Dieser Schneeschipper
gehört zu den wenigen
die Arbeit fanden.

    Kuribayashi Issekiro (1894–1961)
    Übers. Hachirō Sakanishi

eyeglass polishing …
even the lens on the side
with the sightless eye

    Hino Sōjō (1901–1956)
    Übers. Adam L. Kern

Brillenglasputzen …
sogar die Linse auf der Seite
mit dem blinden Auge

The sound of the gun
rebounding from the surface
of hard pool water.

    Yamaguchi Seishi (1901–1994)
    Übers. Takashi Kodaira / Alfred H.
    Marks

Der Hall des Schusses
prallt ab – zu hart das Wasser
des Pools.

After a heated argument
I go out to the street
and become a motorbike

    Kaneko Tōta (1919–2018)
    Übers. Makoto Ueda

Nach heißem Wortgefecht
gehe ich auf die Straße
und werde ein Motorrad

Le ventilateur –
il tourne seulement
pour les vivants

    Mayuzumi Shū (1930–2020)
    Übers. Corinne Atlan / Zéno Bianu

Der Ventilator
dreht sich nur
für die Lebenden

Première hirondelle –
dans le stade de base-ball
des milliers de places vides

    Imaie Sei (1950)
    Übers. Corinne Atlan / Zéno Bianu

Erste Schwalbe –
im Baseballstadion
Tausende leere Plätze

Mon visage déformé –
je le puise
dans la cuvette

    Kenshin Sumitaku (1961–1987)
    Übers. Corinne Atlan / Zéno Bianu

Mein verformtes Gesicht –
ich schöpfe es
aus dem Waschbecken

Nicht zuletzt kam es sogar zu einer Ausweitung auf Kriegs-Haiku, beginnend schon mit Bezug auf die Auseinandersetzungen in der Mandschurei-Krise ab 1931 und dem sich daraus ergebenden Zweiten japanisch-chinesischen Krieg ab 1937 sowie schließlich vor allem im Zusammenhang mit dem Zweiten Weltkrieg von 1941 bis 1945.

Der Ackerpflüger –
ein Soldatenlied singt er
bei seiner Arbeit.

    Kawahigashi Hekigodō
    Übers. Hachirō Sakanishi

Der Blinde hört das Prasseln
des Feuers, erzählt man ihm
vom Atombombenangriff.

    Ōtsuka Hakuga
    Übers. Hachirō Sakanishi

Auf den Sterbebildern
die Bombenopfer
bleiben ewig jung.

    Miwa Shizuko
    Übers. Hachirō Sakanishi

Ein Hund im Zentrum
des Atombombenangriffs –
ein Häufchen Asche.

    Kōshi
    Übers. Hachirō Sakanishi

Au village reverdi
le soldat déclaré mort
est revenu

    Hashimoto Mudō
    Übers. Corinne Atlan / Zéno Bianu

Ins wieder ergrünte Dorf
zurückgekehrt der für tot
erklärte Soldat

Le char de guerre avance –
il écorche la terre
à grand fracas

> Mitsuhashi Toshio
> Übers. Corinne Atlan / Zéno Bianu

Der Panzer rückt vor,
reibt die Erde wund
mit großem Getöse

La mitrailleuse –
éclosion d'une fleur rouge
au milieu du front

> Saitō Sanki
> Übers. Corinne Atlan / Zéno Bianu

Das Maschinengewehr –
Entfaltung einer roten Blume
mitten auf der Stirn

Erstes Fazit: Haiku-Welt ist grundsätzlich überall! Das Senryu hingegen beschäftigt sich ausschließlich mit dem Menschen und seinem Umfeld.

Zweites Fazit: Daraus folgt, dass auch der Naturbezug – im Haiku vertreten durch das Jahreszeitenwort (Kigo) – im Senryu prinzipiell keine Rolle spielt.

Drittes Fazit: Auch das andere, für das Haiku so wichtige Strukturelement, nämlich der Einschnitt – repräsentiert durch ein *kire* bzw. *kireji* –, der zu seiner inhaltlichen Zweiteilung führt, muss grundsätzlich nicht in Betracht gezogen werden, da das Senryu immer nur so angelegt ist, dass es ausschließlich auf nur eine ganz bestimmte Gegebenheit das Augenmerk lenkt. Damit fehlt auch seitens des Autors jegliche Absicht, einen gewissen Fächer von Auslegungsmöglichkeiten, den berühmten Nachhall (*yoin*), beim Leser zu erzeugen. Stattdessen liegt hier der Sinn der Aussage immer eindeutig auf der Hand! Als Nebeneffekt ergeben sich durch die fehlende Zäsur auch deutlich mehr Texte in Satzform.

Viertes Fazit: Daraus ist der grundsätzliche Unterschied zu folgern, dass sich das Senryu in seiner Zielgerichtetheit nur eindimensional durch ein oberflächlich ausgemachtes Sujet definiert, wohingegen sich das Haiku gerade durch die Vielschichtigkeit und Tiefenwirkung seiner Aussage auszeichnet, darin ganz dem polysemen Charakter der japanischen Sprache wie auch der Mentalität ihrer Benutzer entsprechend. Im Gegensatz dazu zeigt das Senryu letztlich eine viel größere Eindeutigkeit der Mitteilung, wodurch sich sein Autor im Durchscheinenlassen seiner Absicht gewissermaßen zwangsläufig outet. Nichtsdestoweniger tritt er dabei nie unmittelbar persönlich in Erscheinung, sondern drückt seine Beobachtung vielmehr allgemein aus oder bleibt ganz anonym.

Aus all dem ist zu schließen, dass das, wodurch sich das Senryu letztendlich entscheidend vom Haiku absondert, ganz im inhaltlichen Bereich begründet liegt. Um das zu klären, ist nun ein historischer Exkurs notwendig:

Die ältesten erhaltenen Literaturdenkmäler Japans stammen aus der Zeit der stark vom Buddhismus und chinesischen Einfluss geprägten ersten kulturellen Hochblüte, die sich in der 710 gegründeten Hauptstadt Nara entfaltete. Wichtige Formgesetze der japanischen Poesie scheinen sich aber schon im 5. und 6. Jh. herausgebildet zu haben, wozu als bestimmendes Maß- und Rhythmusprinzip der Wechsel von 5- und 7-morigen bzw. -silbigen Verszeilen gehört, woraus sich eine rein quantitierende Dichtung ergab, die auch in der weiteren Entwicklung die ihr eigene Kontinuität bewahrte. Aufgrund seines höheren Bildungsgrades wurde vor allem der residierende Hofadel zum bestimmenden Faktor bei der ständigen Verfeinerung des Ausdrucks und formalen Vervollkommnung der sich herausbildenden Genres, insbesondere des 31-silbigen Tanka und – seit dem 13. Jh. – der variantenreichen Kettendichtung (Renga, genauer Haikai no Renga), einer beliebten Form geselliger Unterhaltung, bei der von mehreren Personen nach festen Regeln ein Langgedicht geschaffen wurde, das aus der Aneinanderreihung von zwei Tanka bis hin zu 100 (*hyaku*), selten sogar 1000 (*senku*) indirekt miteinander verbundenen Strophen hervorgeht, eine Etikette, derer sich fortan auch der Schwertadel (Samurai) und zenbuddhistische Klerus gerne bediente. Doch schließlich verselbstständigte sich das Hokku, die Eröffnungsstrophe einer solchen Kettendichtung mit ihren nur 5-7-5 Lauteinheiten (*on*), obwohl weiter mit besonderen, kompositorischen Auflagen versehen, aus diesem Verband und wurde zur

Grundlage für die Entwicklung des Haiku als eigenständige Gattung. Ansätze dazu sind schon im 15. Jh. zu erkennen:

lluvia de anoche
cubierta esta mañana
por la hojarasca
 Iio Sōgi (1421–1502)
 Übers. Antonio Cabezas

der Regen von gestern Abend
heute Morgen zugedeckt
von Laubwerk

A fallen blossom,
returning to the bough, I thought –
But no, a butterfly.
 Arakida Moritake (1473–1549)
 Übers. Steven D. Carter

Schwebt da eine abgefallene
Blüte an den Ast zurück?
… Ah, ein Schmetterling!
 Übers. Eduard Klopfenstein /
 Masami Ono-Feller

Zur endgültigen Entfaltung und vollen Wahrnehmung kam es dann im 17. Jh. unter dem bis heute angesehensten Meister des Genres Matsuo Bashō (1644–1694). Ihm war es nämlich gelungen, die Aufmerksamkeit fortan auf mehrere neuartige Gesichtspunkte zu lenken, dabei als Grundvoraussetzung die Weisung, sich nicht länger der inzwischen allzu überstilisierten strukturellen Ausgestaltung mit ihrem zugepasst eingeschränkten Wortkanon zu bedienen, sondern auch den allgemeinen, zeitgemäßen Sprachgebrauch einzubeziehen, außerdem poetische Aufrichtigkeit und Authentizität (*makoto*) walten zu lassen und mehr auf einen tieferen Sinn unter der Oberfläche der Phänomene zu achten. Damit erhält das Haiku eine zweidimensionale Verdichtung. Aus der äußeren, wortwitzigen Humorigkeit – heißt doch *haikai* nichts anderes als „heiteres Gedicht" – wird in der Umdeutung so etwas wie „innere Gelassenheit", für Bashō eine Kombination von unkompliziertem, natürlichem Ausdruck und durchscheinender Symbolik bzw. Metaphorik, Fundament der neuen Lyrikform Haiku.

Auch das Senryu fiel nicht gleich vom Himmel. Sein Vorläufer – sogar präzis zu benennen – war das *kyoku*, übersetzt „verrücktes Gedicht bzw. Tollvers", als Bezeichnung für ein nicht den herkömmlichen Erwartungen

16

entsprechendes, exzentrisches Haikai, in dem sich Fantasie, Kalauer und Wortspiele austoben konnten. Es blieb jedoch weniger bekannt und wurde deshalb auch nie richtig volksläufig.

Anders als das schon viel früher entstandene *kyoka*, „verrücktes Tanka", das bereits im 12. Jh. entstand, dann vor allem im 15. Jh. unter dem Hofadel in Kyoto und im 17. Jh. zunehmend auch von den Kaufleuten in Osaka gepflegt wurde, seine eigentliche Ausprägung aber erst in der zweiten Hälfte des 18. Jhs. in Edo, dem heutigen Tokio, erfuhr. Dort widmeten sich ihm im Unterschied zum Senryu – auf das wir gleich zu sprechen kommen –, sowohl Angehörige des Feudaladels, der Samurai-Intellektuellen als auch des Bildungsbürgertums. Das Verfassen setzte nämlich ein recht hohes Maß an Vertrautheit mit der höfischen *waka*[2]-Dichtung und ihrer Sprache voraus, zumal der Hauptwitz der *kyōka* darin bestand, bekannte *waka* zu parodieren und ihnen einen scherzhaften, gegenwartsbezogenen Inhalt zu geben. Dazu kamen auch Mittel der Selbstironie zum Zuge.

Zurück zum *kyoku*. Es entwickelte sich in direkter Anlehnung an die „abtrünnigen" Gedanken und Absichten des *kyoka*, jedoch erst später, nämlich im 16. Jh. und – da parallel zum Haiku zu betrachten – ebenfalls in der festen, dreiteiligen *teikei*-Form, bestehend aus 5-7-5 Moren bzw. Silben und inhaltlich ebenfalls mit einer prinzipiell spöttisch-scherzhaften Ausrichtung im menschlichen Bereich. Oberflächliches Amüsement gegenüber tiefsinniger Betrachtung, womit bereits die beiden Grundkomponenten auch für die zukünftige Unterscheidung der beiden Gattungen Senryu und Haiku genannt sind.

Im Gegensatz zum Haiku, das gleich im 17. Jh. mit Matsuo Bashō und seiner Shōmon-Schule geradezu Furore machte, fristete das *kyoku* – bezeichnenderweise meist anonym verfasst – zunächst noch ein eher

---

[2]Wörtlich „japanisches Lied", die allgemeine Bezeichnung für jedwede echt japanische Gedichtform, die sich vom chinesischen Stil (Kanshi) gelöst hat; lange auch als Synonym für ein Tanka verwendet. Waka treten uns schon in der ältesten erhaltenen Schrift, dem Kojiki, aus dem Jahr 712 entgegen.

unauffälliges Dasein. Doch das änderte sich schlagartig ein Jahrhundert später, als Karai Hachiemon (1718–1790) auf die Idee kam, diese Gedichte zu sammeln, unter dem Pseudonym Senryu („Flussweidenbaum") auszuwerten und in Anthologien zu veröffentlichen. Dazu wurden in der Folge Dichtwettbewerbe, genannt *man·ku·awase* („Wettdichten aus zehntausend Versen") ausgeschrieben, bei denen ein berufsmäßiger Meister einen 14-silbigen Themenvers vorgab, zu dem dann ein jeder 17-silbige *tsukeku,* hinzugefügte Verse, gegen ein geringes Entgelt einsenden konnte. Die besten wurden vom Meister prämiert und in Anthologien veröffentlicht. Die insgesamt 23 Sammelbände, die *karai* Senryu auf diese Weise unter dem Titel Hai·fû Yanagi·daru („Weidenfass") herausgab, sind zugleich die erste und größte Sammlung ihrer Art, deren Erscheinen 1765 begann und 1837 mit dem 167. Band ihren Abschluss fand. Zugleich endete damit auch die prinzipielle Anonymität der Autoren. Im Schnitt kamen jährlich bis zu 100.000 solcher Verse zur Auswahl zusammen, was bezeugt, dass sich das Senryu ganz in der Nachfolge des *kyoku* inzwischen zu einem äußerst beliebten selbstständigen Genre entwickelt hatte.

Förderlich war dabei gewesen, dass als Ausdrucksmittel auch die Umgangssprache zugelassen wurde und dass man die Inhalte entsprechend aus dem Alltag des einfachen Volkes, primär des Bürgertums schöpfte; darin eingeschlossen tägliche Verrichtungen, wie Essen und Trinken, die familiären Beziehungen zwischen Mann und Frau, Eltern und Kindern, Ehefrau und Schwiegermutter, sodann Angestellte, wie Kindermädchen, Mägde oder Berufsstände, etwa Friseure oder Tischler, weiterhin Wandermönche, aber auch Veranstaltungen, wie buddhistische Versammlungen zum gemeinsamen Gebet oder Theateraufführungen (*nō, kabuki*).

Bezüglich der Motive orientierte man sich an den Verhaltensweisen des Menschen in den unterschiedlichsten, vorzugsweise aber komischen Lebenssituationen in Verbindung mit einem witzigen und humorvollen, ironisch-parodistischen Ton, bisweilen auch politischen Akzent. Nicht ungewöhnlich ferner, dass etliche der frühen Beispiele ebenfalls recht deftigschlüpfrig waren, da „Flussweide" im Slang auch Prostituierte bedeutet. Aber auch später offerierten zahlreiche Senryu eindeutig sexuelle Handlungen, insbesondere mit Bezug auf das Vergnügungsviertel von Edo

(Yoshiwara). Schließlich ist in diesem Zusammenhang festzustellen, dass das Augenmerk fast nie auf dem bäuerlichen Leben in der Provinz lag, denn der Bürger der Hauptstadt war sich sozusagen selbst genug und interessierte sich weder für die Welt außerhalb noch für die Zukunft.

Gleich hieran anschließend lässt sich nun **das fünfte, grundsätzliche Kriterium** zur Unterscheidung zwischen einem Haiku und einem Senryu ableiten. Ausschlaggebend ist die Einstellung, die Basisabsicht des Autors: Lenkt hier ein individueller Blick bewusst entlarvend auf einen Missstand, eine menschliche oder gesellschaftliche Schwachstelle, so waltet beim Haiku der allgemeine, universale Haiku-Geist (*hai·i*) mit seiner heiteren Gelassenheit und unvoreingenommenen, tieferen Ernsthaftigkeit.

Mochte sich das Senryu in der Regel letztlich einer streng ästhetischen Bewertung entziehen, so förderte es doch grundsätzlich das Interesse an der Literatur und wurde auf diese Weise zum Nährboden für das Aufblühen einer volkstümlichen Dichtkunst. Dabei führte die Tendenz der Senryu-Dichter, ihre eigenen Gedichtsammlungen nicht zu veröffentlichen, allerdings zu einer gewissen Divergenz zwischen ihnen und dem Lesepublikum.

Als Gattungsbegriff wurde das Senryu erst in der Meiji-Ära, also nach 1868, richtig populär, wobei es außerdem zu der Unterscheidung zwischen einem „horizontalen", d. h. allgemein gesellschaftlich und einem „vertikalen", d. h. auf persönliche Innerlichkeit ausgerichteten Senryu kam. Ersteres wurde durch Sakai Kuraki (1869–1945) und Inoue Kenkabō (1870–1934) propagiert, was zugleich zu einer deutlichen Wiederbelebung des Genres führte. Das Eintauchen in die Tiefe des eigenen Gefühls kam aber erst später mit den Gendai[3]-Bestrebungen richtig zum Tragen. Aufs Ganze gesehen trugen sodann die sogenannten „6 großen Senryu-Dichter" (*roku·dai·ka*) mit ihren jeweiligen Gruppierungen und mit ihrer schließlichen Vereinigung „Kiyari Senryu" als die größte in Tokio wesentlich zur

---

[3]„Gegenwarts-Haiku": eine neuzeitliche Ausrichtung hin zu einem freieren Rhythmus mit variablem Stil in Absetzung vom traditionellen Teikei-Haiku (5-7-5-Silben-Schema, Jahreszeitenwort, Zäsur)

Diversifizierung der Gattung bei. Es waren: Santaro Kawakami mit „Senryu kenkyû" (Senryu-Forschung), Shugyo Murata mit „Senryu kiyari" (Senryu-Arbeitsgesang), Jakuro Maeda mit „Senryu", Suifu Kishimoto mit „Bangasa" (Ölpapierregenschirm), Jiro Aso mit „Senryu zasshi" (Senryu-Zeitschrift) und Monta Sugimoto mit „Fuausuto". In der Folge wurden, als auch die Zahl an Dichterinnen zugenommen hatte, vermehrt Leidenschaften zum Ausdruck gebracht.

Als Hauptstilmerkmale des Senryu sind nach wie vor seine Leichtigkeit (*karumi*), sein spöttischer Humor (*okashi·mi*) und seine präzise Wesensbeschreibung (*ugachi*) anzusehen.

Als Beleg dafür, dass sich das Senryu auch heute noch in Japan großer Beliebtheit erfreut, sei nur folgender Nachweis erbracht: Im Jahr 1987 führte die Dai-ichi Lebensversicherung den „Salaryman Senryu Contest" ein, einen jährlichen Senryu-Wettbewerb für japanische Büroangestellte. Zum 34. wurden im September-Oktober 2020 sage und schreibe insgesamt 62.542 Beiträge eingereicht! Bekanntgegeben werden jeweils 100 Gewinner.

Leider macht man sich in der westlichen Welt mittlerweile kaum noch Mühe, das Senryu und das Haiku sauber zu trennen, was allerdings mehr als angebracht wäre, da es sich hier historisch wie sachlich um eindeutig unterschiedliche Gattungen handelt!

Zunächst einige historische Beispiele:

Write me down
As one who loved senryu,
And loose women.
    Karai Senryu
    Übers. Reginald H. Blith

Schreibt mich auf
Als einen, der Senryu liebte
Und lockere Frauen.

I grab the robber
and find I've caught
my own son.
    Karai Senryu
    Übers. Kimiko Hahn

Ich schnappe den Dieb
und stelle fest, ich fing
meinen eigenen Sohn.

In the servants' room:
Tormenting one
Who is too pretty

>   Gorohachi
>   Übers. Reginald H. Blith

Gruesome
Is the age of forty
Of a beautiful woman.

>   Anonym
>   Übers. Reginald H. Blith

Im Zimmer der Bediensteten:
Man schikaniert eine
Die zu hübsch ist

Grausam
Ist das Alter von vierzig
Für eine schöne Frau.

Dazu der Kommentar des Übersetzers: „Für Frauen im Allgemeinen macht, ob sie dreißig oder vierzig Jahre alt sind, keinen großen Unterschied, aber für eine, die ihre Schönheit für Geld, Macht oder Liebe einsetzt, bedeutet das beginnende Alter fast schon das Ende ihrer Existenz." Hier tut sich also eine verzweifelte Einstellung kund.

The doctor killed him,
But they express their thanks,
Most graciously.

>   Anonym
>   Übers. Reginald H. Blith

Thrusting and moaning
in the bedroom:
the delivery man

>   Odo Keta
>   Übers. Reginald H. Blith

The great fish head
becomes a bloated belly
and then a deadly gas.

>   Ishi Iwashi
>   Übers. Reginald H. Blith

Der Arzt tötete ihn,
Doch sie drücken ihren Dank aus,
Sehr großzügig.

Stoßen und Stöhnen
im Schlafzimmer
der Lieferdienst

Der große Fischkopf
wird zu einem aufgeblähten Bauch
und dann zu einem tödlichen Gas.

Und auch noch je zwei Beispiele der beiden oben genannten Erneuerer in der Meiji-Ära:

No es muy simpático
para otras mujeres.
Tranquila está su esposa.

> Sakai Kuraki
> Übers. Jorge Braulio

Anderen Frauen ist er
nicht sonderlich sympathisch.
Seine Gattin bleibt gelassen.

El vejestorio
piensa más en ir al Norte
que al Oeste.

> Sakai Kuraki
> Übers. Jorge Braulio

Der alte Knacker
denkt mehr daran, nach Norden
als nach Osten zu gehen.

Der „Osten" steht verschlüsselt für das Amida-Buddha-Paradies, der „Norden" für Yoshiwara, das Vergnügungsviertel in Tokio.

Afortunadamente,
se muere el pueblo de hambre.
Los monjes, no.

> Inoue Kenkabō
> Übers. Jorge Braulio

Zum Glück
stirbt (nur) das Volk am Hunger.
Nicht so die Mönche.

Me dice que estaba
loca por mí,
cincuenta años después.

> Inoue Kenkabō
> Übers. Jorge Braulio

Er sagt, er war
verrückt nach mir,
fünfzig Jahre später.

Und als zeitgenössische Beispiele drei der Gewinnertexte aus dem oben erwähnten 34. „Salaryman Senryu Contest":

"It's lunchtime", she called   „Mittagessen", rief sie
When I arrived   Als ich ankam
It's the cat she was feeding   Fütterte sie die Katze
    Anomym
    Übers. Amélie Geeraert

I go by car   Ich fahr mit dem Auto
To the gym   Zum Fitnessstudio
To ride a bicycle   Um Rad zu fahren
    Anomym
    Übers. Amélie Geeraert

She's still asleep   Sie schläft noch
And when I come home   Und wenn ich nach Hause komme
She's still asleep   Schläft sie (immer) noch
    Anomym
    Übers. Amélie Geeraert

Dazu der Kommentar der Übersetzerin: Lustig und traurig zugleich, denn hier spiegelt sich die Realität vieler japanischer Büroangestellter wider, die so viele Überstunden machen, dass sie nicht einmal ihre Ehefrauen oder Familienangehörigen mehr wach antreffen können.

Benutzte Quellen:

— BI-Lexikon Ostasiatische Literaturen, herausgegeben von einem Autorenkollektiv unter Leitung von Jürgen Berndt, VEB Bibliographisches Institut, Leipzig 1985
— Wirth, Klaus-Dieter: Japanisches Glossar rund um das Haiku und verwandte Kunstformen im Rahmen der japanischen Kultur, Berlin (Rotkiefer Verlag) 2022, ISBN: 978-3-949029-14-1
— https://kokoro-jp.com/culture/2571/ (vom 27.11.2023)
— https://simplyhaiku.com/SHv3n3/senryu/satire-hist_senryu.html.

Als Annex eine Auswahl französischer Senryu, da sich hier noch am ehes-
ten im Vergleich mit anderen westlichen Haiku ein gewisser Sinn für die
Unterscheidung vom Haiku erhalten hat:

Encore du gâteau? Noch etwas Kuchen?
Me demande-t-elle Fragt sie mich und nimmt den Rest
en finissant le plat. von der Servierplatte.

    Dany Albarèdes

Au cimetière Auf dem Friedhof
Allez devant, dit-il Geht schon vor, sagt er
je vous rejoins ich komm nach

    Jean Antonini

square du centre ville — Platz im Stadtzentrum
à la radio du clochard im Radio des Penners
les cours de la bourse die Börsenkurse

    Damien Gabriels

Au jardin public Im Stadtgarten
la vieille dame en robe noire die alte Dame in Schwarz
et chaussons roses und rosa Pantoffeln

    Lucien Guignabel

Comme son chat Wie seine Katze
il fixe la salle de bain fixiert er das Badezimmer
de la voisine der Nachbarin

    Minh-Triêt Pham

à chaque gorgée bei jedem Schluck
mousse et moustache Schaum und Schnurrbart
en parfait accord in perfektem Einklang

    Franck Vasseur

Eleonore Nickolay

Die französische Ecke auf Facebook – Teil 2

Auf Facebook gibt es ungefähr 20 französische Haiku-Gruppen, wobei einige eher durch eine hohe Anzahl an Mitgliedern und eine entsprechend beachtliche Quantität an Publikationen ins Auge fallen. Andere kleinere Gruppen wiederum sind sehr spezialisiert zum Beispiel auf Senryu oder auf mit Haiku beschriftete Steine oder sind aus Kukai-Gruppen entstanden.

Die „Association Francophone de Haïku" hat ebenfalls eine Facebook-Seite, die sie zum Informationsaustausch nutzt.

Die Redaktion von „Gong", der Vierteljahresschrift des Vereins, lädt für jede Ausgabe ein Haiku-erfahrenes Vereinsmitglied ein, seine persönliche Auswahl von 10 Facebook-Haiku vorzustellen.

Die Wahl fällt meistens auf drei Gruppen: „Un haïku par jour", (2011 gegründet, 3.567 Mitglieder), „Le coucou du haïku" (2014 gegründet, 1.530 Mitglieder) und „Haiku Concept" (2017 gegründet, 212 Mitglieder).

Hier einige Beispiele:

Un haiku par jour

dies irae —
les incertitudes
d'une fourmi

    Aggie Corezzes

dies irae —
die Ungewissheiten
einer Ameise

petite halte
j'entre sans frapper
dans l'ombre du marronnier

    Christian Cosberg

kurzer Halt
ohne anzuklopfen trete ich ein
in den Schatten der Kastanie

après la fête
quelques gouttes de jazz
sur le trottoir

    José Jacquier

nach dem Fest
ein paar Tropfen Jazz
auf dem Bürgersteig

Le coucou du haïku

grenier —
mon enfance
prend la poussière

    Michel Duflo

Dachboden
meine Kindheit
verstaubt

vent d'été
le soleil en fin de journée
glisse du parasol

    Marie-France Evrard

Sommerwind
am Tagesende gleitet
die Sonne vom Schirm

Eine Besonderheit dieser Gruppe ist erwähnenswert. Alle zwei Wochen schlägt ein Mitglied nach Absprache mit der Administratorin ein Thema vor, zu dem alle Gruppenmitglieder innerhalb der Woche drei Haiku publizieren können. Besagtes Mitglied präsentiert anschließend seine Auswahl der Haiku, die es für die gelungensten erachtet, meist begleitet von ausführlichen argumentativen Kommentaren. Dazu ein paar Beispiele:

Thema „Brücke"

petit pont —
il guette le passage de
sa coquille de noix

    Isabelle Lamant-Meunier

kleine Brücke —
er hält Ausschau nach
seiner Nussschale

Thema „Meditation"

yoga sur l'étang	Yoga auf dem Teich
le flamant rose pose	der Flamingo posiert
en équilibre	im Gleichgewicht
Nadine Robillard	

Thema „Die 4 Elemente"

Wasser :

Nage libre	Freistil
les légères ondulations	die leichten Wellen
de son ventre	auf ihrem Bauch
Isabelle Carvalho Teles	

Erde:

genoux à terre	auf Knien
devant ta tombe	vor deinem Grab
le silence des oiseaux	das Schweigen der Vögel
Bernadette Couenne	

Ein letztes Beispiel aus der kleinen, aber anspruchsvollen Gruppe *Haïku Concept:*

premières lueurs	Tagesanbruch
le chant des outardes	das Lied der Kanada-Gänse
réveille le ciel	weckt den Himmel
Hélène Bouchard	

Klaus-Dieter Wirth

Der internationale Haiku-Wettbewerb 2023 der Britischen Haiku-Gesellschaft (BHS)

Eingesandt wurden 483 Texte, die von den Juroren Klaus-Dieter Wirth aus Deutschland und Caroline Skanne, gebürtige Schwedin mit Wohnsitz in England, zu beurteilen waren.

Nachfolgend ihr wohl allgemein aufschlussreiches Bewertungsergebnis:[4]

Klaus-Dieter Wirth schrieb:

Haiku zu beurteilen, ist keine leichte Aufgabe. Es stimmt zwar, dass zunächst die anzuwendenden Basiskriterien entscheidend dabei helfen, die Spreu vom Weizen zu trennen, nämlich die grundsätzliche Asymmetrie, bedingt durch die dreiteilige Form und den zweiteiligen Inhalt bei eingebauter Zäsur, eine gebührende Offenheit für weitere Interpretationen, der Verzicht auf jeden persönlichen Kommentar und natürlich der prinzipielle Überraschungseffekt.

Dieser erste Schritt ist in der Regel schnell getan, wobei meiner Erfahrung nach die Ertragsrate im Durchschnitt nur etwa 5 % Ertrag beträgt, was wiederum zur Folge hat, dass der verbleibende Rest jede weitere Streichung umso prekärer erscheinen lässt.

Demzufolge hängen die Bewertungsmaßstäbe innerhalb dieses letzten Rahmens offensichtlich letztlich ganz von den individuellen Erfahrungen des jeweiligen Jurors mit dem Haiku und seinen allgemeinen Vorstellungen von Poesie als solcher ab.

In diesem Sinne weist das Sieger-Haiku die folgenden, entscheidenden Aspekte auf: eine rhythmisch überzeugende Fokussierung auf das

---

[4] Übersetzungen ins Deutsche ebenfalls von Klaus-Dieter Wirth

Zielobjekt, die damit zur Unterstützung verbundene starke Verwendung von Alliterationen (*st*), ein kühnes Bild, welches die menschliche und die himmlische Sphäre verbindet (*eine Stadt aus Sternen*), den enormen Kontrast zwischen dem Universum und einem einzelnen lebenden Individuum, das zudem praktisch unbeweglich gegenüber jeder Standortveränderung ist.

Gewinnerin: Heather Lurie, Neuseeland

standing against	steht da vor
a city of stars	einer Stadt aus Sternen
the stag	der Hirsch

Zweitplatzierter: Jay Friedenberg, USA

sunset	Sonnenuntergang
waves glitter	Wellen glitzern
into pointillist light	im pointillistischen Licht

Dieser Text weist ähnliche Qualitäten auf, wenn auch mit geringerem Umfang, indem er einen Bogen von einem größeren, irdischen Naturphänomen (*Sonnenuntergang*) zu einem viel kleineren (*Wellen*) schlägt, dabei zugleich mit einem funkelnden Klangspiel (*s, t, l, i*) betört, das genau den Inhalt der Aussage (*den Glitzereffekt*) illustriert und gleichzeitig zart in die menschlich-künstlerische Sphäre des Pointillismus überleitet, ein perfekter Vergleich!

Lobende Erwähnung:

tapering fingers	schlanke Finger
you stroke ivory keys	du streichelst Elfenbeintasten
with moonlight	mit Mondlicht

Olive Malcolm, Großbritannien

Ein ähnlich ansprechendes Beispiel aufgrund seiner Verbindung von einem Himmelskörper (*Mond*) mit einem Objekt aus der menschlich-schöpferischen Sphäre (Piano), dessen Tasten von ähnlicher Farbe (*elfenbeinern*) sind. Hinzu kommt der Vergleich zwischen der Schlankheit der Finger und den zartzagen Mondstrahlen, abgesehen von der Tatsache, dass beide nur ganz sanft über die Tasten streichen. Schließlich kommt mit den akustisch äußerst subtilen Tastenanschlägen eine delikate Synästhesie ins Spiel.

scented candle	Duftkerze
the way she speaks	die Art, wie sie spricht
without words	ganz ohne Worte

    Ravi Kiran, Indien

Dieses Beispiel übertrifft dieses rhetorische Mittel sogar noch durch die dreifache Verwendung von Geruchssinn, Anblick und abwesenden (!) Geräuschen.

dripping leaves	tropfende Blätter
dank air	feuchte Luft
dark mind	finsterer Geist

    Sarah Edwards, Wales

Hier überzeugt die konsequente Verlagerung vom Konkreten zum Abstrakten, indem von eher unscheinbaren Naturgegenständen (*Blätter*) zu einem besonderen Geisteszustand (finsterer *Geist*) ausgegangen wird. Gleichzeitig wird der ganze Vorgang mit Hilfe der Alliteration noch einmal eindrucksvoll vorangetrieben, dabei zusätzlich unterstützt durch die Funktion einer Anapher (dreimal ein anfängliches *d* am Anfang des Verses), die zu einer besonderen Prägnanz der gesamten Aussage führt.

Caroline Skanne schreibt:

Gewinner: John Barlow, Großbritannien

a sedge warbler's mimicry wind-torn clouds

die Mimikry (Nachahmung) eines Schilfrohrsängers windgepeitschte Wolken

Der leicht chaotische Charakter dieses Gedichts ahmt den Gesang des Schilfohrsängers gekonnt nach. Diese durcheinandergewürfelte Musikalität, die den Ton des Gedichts vorgibt, wirkt gleichzeitig spontan und geübt und verleiht ihm eine Leichtigkeit, die doch so schwer zu erreichen ist. Technisch gesehen ist es ein gut ausgearbeitetes Haiku, das einen effektiven Drehpunkt in seiner einzeiligen Präsentation enthält, sowie den wiederholten ‚w'- Laut, der warbler's' mit ‚wind-torn' verbindet. Die Wortwahl „Mimikry" regt die Phantasie weiter an, indem sie den Leser auffordert, an scheinbar ähnliche Klänge zu denken. ‚sedge' (Segge, Schilfrohr) fügt dem Gedicht einen Kontext hinzu, ‚Rohrsänger, Grasmücke' die Musik. Man muss also nicht mit dem betreffenden Vogel vertraut sein, um seine Mimik zu verstehen. Es ist eins dieser täuschend einfachen Gedichte mit lohnender Tiefe, die auf verschiedenen Ebenen wirksam sind. Multisensorisch und spielerisch, spezifisch und doch zugänglich, verschmelzen die Gedichte nahtlos ihre verschiedenen Elemente. In der Tat scheint sich dieses Gedicht im Geiste ständig und wunderschön zu zerstreuen und neu zusammenzusetzen – zu Gesang, Wind, Wolken.

Zweitplatzierter: Frank Hooven, USA

clearing skies   Aufklaren des Himmels
wind ruffles the water   Wind kräuselt das Wasser
in a little red wagon   in einem kleinen roten Wagen

Auch wenn es nicht ausdrücklich gesagt wird, ist hier in „einem kleinen roten Wagen" der ganze Himmel. Vor allem aber lädt dieses Gedicht dazu ein, wirklich aufmerksam zu werden. In den zarten Bildern dieses Gedichts ist eine leichte Anspielung auf „The Red Wheelbarrow" von William Carlos Williams* enthalten. Wenn wir den Raum zwischen diesen Bildern weiter erforschen, werden wir mit der Entdeckung von subtilen Details, Verschiebungen und Beziehungen belohnt. Es ist die Untertreibung dieses Haiku, die es so wirkungsvoll macht. Aber auch in der Art, wie jedes Wort genau richtig zu sein scheint, und zwar genau an der richtigen Stelle. Wenn man es laut liest oder auch leise im Geiste, hört man die kaum wahrnehmbare Musik, die durch dieses leise Flüstern eines Gedichts fließt. Sein Echo, das noch lange, nachdem es gelesen wurde, andauert.

Lobende Erwähnung:

<table>
<tr><td>dusting of snow</td><td>Schneegestöber</td></tr>
<tr><td>the soft rhetoric</td><td>die sanfte Rhetorik</td></tr>
<tr><td>of a fairy tale</td><td>eines Märchens</td></tr>
</table>

    Sharon Martina, USA

Ich habe mich mehr als ein paar Mal in diesem Gedicht vertieft, in seine schneeweiße Leichtigkeit und emotionale Tiefe, die ihm etwas Zauberhaftes verleiht. In diesem geschickt vorgetragenen Gedicht gibt es viel zu ergründen, vielleicht sogar die Kindheit selbst.

<table>
<tr><td>winter sun</td><td>Wintersonne</td></tr>
<tr><td>more shadow</td><td>mehr Schatten</td></tr>
<tr><td>than tree</td><td>als Baum</td></tr>
</table>

    Marjolein Rotsteeg, Niederlande

Ein konzentriertes Gedicht, das in nur sechs einfachen Worten so viel bietet. Und es ist gerade diese Einfachheit, die das Gedicht erweitert und mit

Gefühl erfüllt. Ich könnte darüber schreiben, wohin mich dieses Gedicht führt, aber ich denke, ich überlasse es lieber dem Leser, seine eigenen Entdeckungen zu machen.

dipper song   Wasseramselgesang
the smoothness of stones   die Glätte von Steinen
at rest in the beck   die im Bach ruhen

    John Barlow, Großbritannien

Manchmal, wenn wir Glück haben, hält eine Wasseramsel kurz an und singt. Und vielleicht halten wir beim Hören dieses Liedes lange genug inne, um auch „die Glätte der Steine, die im Bach ruhen" zu bemerken. Beim Haiku geht es um Verbindung/-en, und dieses Gedicht scheint genau das zu würdigen.

Es war ein Vergnügen, die Beiträge zu den BHS Awards 2023 zu lesen und wieder zu lesen, danke für das Privileg.

*Hier der betreffende Originaltext des avantgardistischen amerikanischen Dichters:

**so much depends*   So viel hängt
upon   ab von

a red wheel   einer roten Schub-
barrow   karre

glazed with rain   glasiert mit Regen-
water   wasser

beside the white   neben den weißen
chickens   Küken

Christian Young

Textanalyse Durs Grünbeins „Lob des Taifuns"
Teil 2 und Resümee

Am Ende des zweiten Reisetagebuchs wird in „Lob des Taifuns" einmalig sogar, quasi als erneute lyrische Formeinreise in die westliche Hemisphäre, ein dreistrophiges, freies Gedicht mit Kreuzreimanordnung platziert. Der Paratext lässt erkennen, dass das Gedicht im Zwischenraum von Tokio und Kopenhagen im Flugzeug entstanden ist.[5] Einen ersten Bezug zur klassischen Haiku-Form nimmt Grünbein im zweiten Haiku des ersten Reisetagebuchs vor und hält sich dabei selbst an die vorgeschriebene Silbenzahl:

Siebzehn Kehlkopfklicks —
Ein Gedicht auf Japanisch.
Vorbei, kaum gehört.[6]

Die Besonderheit der Silbenzahl wird durch den Paratext und die Fokussierung auf den Hörsinn zusätzlich unterstrichen. Das lyrische Ich versteht die fremde japanische Sprache nicht, als sich im Stadtpark von Tokushima zwei Damen Gedichte vorlesen. Lediglich anhand der Silbenzahl erkennt es die Haiku-Form. Ein weiterer Selbstbezug des Haiku findet sich im siebten Haiku des ersten Reisetagebuchs. Hier wird eingegangen auf die etymologische Bedeutung des Wortes Haiku und sein scherzhafter Charakter thematisiert. Der Ort des Geschehens ist das Akasaka Tokyu Hotel in Tokio. Die Szene verbindet gleichsam die Kürze des Haiku-Scherzes mit der Schnelllebigkeit der Megacity.[7] Das direkt anschließende Haiku zeigt die kulturellen Grenzen der Adaption einer fremden lyrischen Form auf.

---

[5]Grünbein, Durs: Lob des Taifuns, S. 56.
[6]Grünbein, Durs: Lob des Taifuns, S. 11.
[7]Vgl. Grünbein, Durs: Lob des Taifuns, S. 14.

Ganz fremd ist (und bleibt)
Solcherlei Verskunst dem Mann
Aus dem bergigen Holland.[8]

In der ersten Zeile werden die Zeitebenen der Gegenwart und Zukunft verbunden, und der abschließende metaphorische und gleichzeitig biografische Widerspruch verstärkt das Anhalten der Fremdheit. Damit bleibt die Ergreifung der Haiku-Form für das lyrische Ich ein ständiger offener, dynamischer und zwischenräumlicher Prozess. Im Stadtteil Akihabara, der von Grünbein als „Elektronik-Wunderland" charakterisiert wird, löst sich der traditionelle Bezug der japanischen Haiku-Form zum jahreszeitlichen Naturerleben vollständig auf:

Welche Jahreszeit?
Was weiß ich, wo es ringsum
Auf Bildschirmen schneit.[9]

Grünbein holt die Vergangenheit in die gegenwärtige Präsenz. Der Titel des ersten Reisetagebuchs „Zerrüttungen nach einer Tasse Tee oder Reisetage mit Issa" suggeriert bereits ein gemeinsames Wandern und Begegnen zwischen dem klassischen Haiku-Dichter Issa und dem lyrischen Ich. Durch die Lektüre eines autobiografischen Werkes von Issa verbindet sich das lyrische Ich im Eintrag vom 19. Oktober 1999 dann mitten in der Moderne, im Akasaka Tokyu Hotel in Tokio, mit dem Leiden Issas:

Was soll das, du Gott
Der Menschlein — so viel Unglück
Auf einen Dichter gehäuft.
Kennt sie ihr Stiefkind, Frau Welt?
Auch das Verwaistsein ist Issa.[10]

---

[8]Grünbein, Durs: Lob des Taifuns, S. 15.
[9]Grünbein, Durs: Lob des Taifuns, S. 84.
[10]Grünbein, Durs: Lob des Taifuns, S. 13.

Die Zeilen- sowie Silbenzahlen (5-7-7-7-8) lassen keine Bezüge zu klassischen japanischen Lyrikformen aufkommen. Inhaltlich steht hier das zerrüttete Dichterindividuum im Zentrum der Theodizee-Frage, im Zwischenraum von männlichem Gott und weiblicher Welt. Die bei traditionellen Haiku untypische Verwendung von Interpunktion bringt hier eine Frage-Antwort-Sequenz hervor. Die Verknüpfung der Haiku-Klassik mit der Gegenwart geschieht einerseits durch das Lesen und die Erwähnung von klassischen Haiku-Autoren. Dabei geht das lyrische Ich auf wichtige biografische Marker ein, die hier für Kenner der Biografien der einzelnen klassischen Haiku-Autoren gleichsam den Charakter eines Jahreszeitenwortes annehmen, indem sie bestimmte Assoziationsketten auslösen, wie z. B. im ersten Tagebuch, welches im Titel „Zerrüttungen nach einer Tasse Tee oder Reisetage mit Issa" bereits auf die Familientragödien der Familie Issas Bezug nimmt. Andererseits werden Erinnerungsorte aufgesucht, an denen klassische Haiku-Dichter gelebt und gewirkt haben. Am 2. November 1999 besucht das lyrische Ich den Konpuku-ji Tempel in Kyoto:

Wiederaufgebaut hat
Das Teehaus des Unbehausten
Der behauste Dichter.[11]

Aus dem Paratext geht hervor, dass an diesem Ort eine Erinnerungskultur sich über einen langen Zeitraum hinweg entwickelt hat. Initiiert wird dieser Prozess durch den Aufenthalt des Wandermönchs Bashō an diesem Ort. Ihm zu Ehren lässt Buson später einen Teepavillon im Garten errichten, der in der Gegenwart erneuert wird. Die Verknüpfung des Haiku mit der Schatten-Ästhetik Jun'ichiros findet sich u. a. im zweiten Reisetagebuch im Eintrag vom 2. Juli 2002:

---

[11]Vgl. Grünbein, Durs: Lob des Taifuns, S. 25.

Manch Haiku entstand
An dem stillsten der Örtchen,
Im Zedernholz-Klo. [12]

Gleichzeitig wird dadurch die Verknüpfung des Haikus mit der Alltagswelt betont.

Mit der Fokussierung auf das Stadterleben und dabei besonders auf das sensuelle Erleben Tokios unterstreicht Grünbein seinen anti-exotischen Zugang zur japanischen Kultur. Tokio bildet einen inkarnierten Brückenschlag zwischen östlicher Tradition und westlicher Modernisierung. [13] Trotz dieses globalisierten Zugangs fehlen nicht die typischen Stichworte des japanischen Klischees (z. B. Blick auf den Fuji, Geisha, Zen-Tempel, Gärten, Yakuza, Heranpeitschen des Taifuns, Allgegenwart der Höflichkeitsgesten, Seppuku). Diese Themen verlieren dabei jedoch ihren exotischen Reiz.

Ohne weitere Einleitung ist das lyrische Ich mit dem ersten Haiku hineingestellt in das Erleben der Großstadt Tokio. Der Gegensatz zwischen Natur und moderner Zivilisation wird durch die alliterierende Wortsteigerung in der ersten Zeile erhöht:

Schwierig, sehr schwierig
Ist so ein Spatzenleben
Auf den geschwätzigen Straßen. [14]

Die vorherrschenden S- und Sch-Laute, die das Tschilpen der Spatzen nachzuahmen scheinen, durchziehen das gesamte Haiku und stellen so dem Gegensatz die Möglichkeit eines Nebeneinanders von Natur und Moderne zur Seite. Eine ähnliche Szene ergibt sich im fünften Haiku des ersten Buches:

---

[12]Grünbein, Durs: Lob des Taifuns, S. 47.
[13]Vgl. Görbert, Johannes: Siebzehn Zeilen des Augenblicks. Zu Durs Grünbeins Lob des Taifuns. Reisetagebücher in Haikus, S. 338.
[14]Grünbein, Durs: Lob des Taifuns, S. 11.

Müll glänzt am Wegrand
Des gepflegten Viertels am Sonntag.
Die Krähe beäugt ihr Revier.[15]

Der Stadtteil Shinjuku-ku ist ein Verwaltungszentrum, Einkaufsdistrikt und Rotlichtviertel. Der hier vorherrschende Sehsinn lässt den Gegensatz zwischen Licht und Schatten plastisch werden und gleichzeitig wird durch die Erwähnung des Mülls der Geruchssinn des Lesers angeregt. Ein Stadtidyll wird so in diesem Haiku nicht konzipiert. Trotzdem spart Grünbein typische westliche touristische Japan-Klischees nicht aus. Diese sind aber in den Paratexten der jeweiligen Haiku nicht Tokio zugeordnet, sondern betreffen eher Besuche in ländlichen Gebieten sowie das kulturelle Zentrum Kyoto. Die überdimensionalen und sich in die Breite ziehenden Dachkonstruktionen der japanischen Palastanlagen und Tempel in Kyoto, das große rote Tor in der Bucht von Miyajima sowie die riesige Daibutsu-Statue in Kyoto stehen neben dem Blick für die kleinsten Formen der japanischen Architektur, wie z. B. einem Teehaus, rekonstruierten Dichterklausen und einer traditionellen hölzernen Toilette, welche erneut an Tanizakis Ästhetikverständnis anknüpfen lassen.[16] Weitere Klischees, die an diesen ländlichen Orten bedient werden, sind ein bettelnder Wandermönch und starke Bezüge zur pflanzlichen und tierischen Natur. Eine gewisse Nähe zum traditionellen japanischen Haiku-Verständnis wird hier ersichtlich.

Der permanente dynamische Modernisierungsprozess, welchem das lyrische Ich sich in der Megacity Tokio ausgesetzt fühlt, der scheinbar nichts Alterndes zurücklässt, wird im elften Gedicht angedeutet:

---

[15]Grünbein, Durs: Lob des Taifuns, S. 13.
[16]Vgl. Grünbein, Durs: Lob des Taifuns, S. 47.

O ja, sieh nur zu,
Wie alles wirbelt um dich.
Sieh dich inmitten.
Sie bringt nur Neues hervor,
Diese veraltete Welt.[17]

Hier integriert die strikte Nutzung der traditionellen Tanka-Form, mit der Silbenordnung 5-7-5-5-5, gleichsam die Tradition in die Moderne. Dieser Strudel der Modernisierung löst widersprüchliche Eindrücke aus. Es entsteht das Panorama einer Gleichzeitigkeit von wirbelnder Chaotik und lyrischem Ich im Zentrum des Geschehens. Die Schnelllebigkeit und Flüchtigkeit der sinnlichen Eindrücke in der Großstadt Tokio kann besonders markant über die Kürze der Haiku-Form zum Ausdruck kommen. Dabei kommt auch gut der Polaroid-Effekt als Gedanke ins Spiel.[18] Aus der Perspektive eines vorbeifahrenden Schnellzuges erlebt das lyrische Ich Tokio als ein bedrohliches Monster:

Tokyo am Morgen –
Nicht die schlafende Schöne,
Godzilla erwacht.[19]

Dabei kommt es cineastisch zu einer interkulturellen Durchdringung und Abgrenzung vor dem Hintergrund von Assoziationsketten mit Walt Disneys „Die Schöne und das Biest" sowie dem auf Tomoyuki Tanaka zurückgehenden Filmmonster andererseits. Eine Steigerung dieses Bedrohungsszenarios der Stadtkulisse erfährt das lyrische Ich im ersten Haiku des zweiten Tagebuchs beim Blick aus dem Hotelfenster:

---

[17]Grünbein, Durs: Lob des Taifuns, S. 16.
[18]Vgl. Yamamoto, Hiroshi: Haiku und Waka als Polaroid. Nachleben der japanischen dichterischen Kurzformen bei Delius, Grünbein und Kling, S. 304.
[19]Grünbein, Durs: Lob des Taifuns, S. 19.

Drohend das Brausen
Vorm Hotelfenster draußen –
Kernkraftwerk Tokyo.[20]

Während die erste Zeile für sich zunächst ein Naturschauspiel, etwa einen tosenden Wasserfall assoziieren lässt, verbindet das sensuelle Erleben beim Blick aus dem Hotelfenster die Stadt mit einem Kernkraftwerk. Der Begriff lässt dabei sowohl die bedrohlichen Aspekte aufscheinen, und auf der anderen Seite stellt er die Stadt Tokio, quasi als Person, initiativ ins Zentrum eines Wirkfeldes. Das Haiku im direkten Anschluss daran, ebenfalls in Tokio entstanden, lässt das lyrische Ich mit sich selbst sein für einen Tag, wodurch sich gleichzeitig sein Zeitempfinden verlängert.[21] Das Motiv des Verlierens und Findens der eigenen Identität vor dem Hintergrund des Stadterlebens taucht an vielen Stellen in „Lob des Taifuns" auf.[22]
Jenseits der Anonymität und Monstrosität des Großstadterlebens, werden auch intime Begegnungen beschrieben:

Aus Liebe zu Schubert
Hat sie Deutsch gelernt. Leise
Sagt sie Verzeihung.
Abends bringt sie den Sake,
Tags studiert sie Gesang.[23]

Hier zeigt sich zum lyrischen Ich hin ein konträres interkulturelles Begegnungsmoment. Das lyrische Ich sieht hier gegenläufig die interkulturelle Aneignung der deutschen Musikkultur durch eine Japanerin mitten in Tokio. Der Dienst in einem Sushi-Restaurant ist gleichsam das Opfer für diese selbstermächtigende Aneignungspraxis der deutschen Sprache und Musik.

---

[20]Grünbein, Durs: *Lob des Taifuns*, S. 37.
[21]Grünbein, Durs: *Lob des Taifuns*, S. 37.
[22]Grünbein, Durs: *Lob des Taifuns*, S. 55; 61
[23]Grünbein, Durs: *Lob des Taifuns*, S. 31.

Selbst in der schattierten Umgebung der U-Bahn hat das lyrische Ich persönliche Begegnungen, welche den Raum und die Situation für Momente aufhellen:

Kind in der U-Bahn –
Mit dem Krachen der Türen
Erstrahlt sein Gesicht.[24]

Auch das Naturerleben ist in Tokio für das lyrische Ich präsent in einer typischen und klischeehaft wirkenden japanischen Farbe:

Ahornrot leuchtet
Zwischen den Hochhausfronten
Der Quadratmeter Park.[25]

Im Gegensatz zur den Schatten betonenden Ästhetik Tanizakis wirkt die grauschwarze Hochhauskulisse auf die rote Farbe eher westlich intensiv kontrastierend.

Trotz der vielen individuellen Begegnungen mit Einzelpersönlichkeiten in unterschiedlichen Kontexten der Großstadt verbleibt beim Erleben von großen Menschenansammlungen eine grundlegende Distanz:

Sauber gescheitelt,
Vor dem Fremden verbeugt sich
Das halbe Foyer.[26]

Die ritualisiert und sehr formell anmutende Verbeugung im Empfangsbereich des Toshi Center Hotels in Tokio wirkt distanziert und gleichzeitig sehr persönlich in der Zuwendung. Die typische japanische Verbeugung

---

[24]Grünbein, Durs: Lob des Taifuns, S. 79.
[25]Grünbein, Durs: Lob des Taifuns, S. 78.
[26]Grünbein, Durs: Lob des Taifuns, S. 77.

wirkt in ihrer Klischeehaftigkeit aktivierend auf den Leser. Man fühlt sensuell beim Lesen mit, wie die Bediensteten im Raum für einen kurzen Moment ihre körperliche Aufmerksamkeit dem lyrischen Ich schenken. Und doch wird hier kein einseitiges anonymisierendes Bild der Großstadt gezeichnet, vielmehr bestehen die Komponenten und Gegensätze des menschlichen Soziallebens nebeneinander:

Zum Wohnzimmer wird
Bei Abendanbruch der Platz
Mit dem Großbildschirm.[27]

Die Übergänge zwischen öffentlichem und privatem Bereich scheinen in der Großstadt und vor dem Hintergrund einer omnipräsenten technischen Moderne aufgelöst zu sein.

Mit einem Blick in die baldige Zukunft der Abreise und die damit verbundene Schließung des Begegnungskreises mit Japan endet „Lob des Taifuns" mit einer eher stillen und für den Gesamttitel unspektakulären Geste:

Streng überm Mundschutz
Funkeln die Brillengläser.
Gleich streicht man dich aus.[28]

Das lyrische Ich lässt in Japan nichts Bleibendes zurück und wird sogar, wie jeder andere Passagier am Flugplatz, als Person einfach ausgestrichen und der Anonymität übergeben.

Resümee: Besonderheiten des Haiku in „Lob des Taifuns"

Die obige Analyse von „Lob des Taifuns" hat gezeigt, dass Durs Grünbein in seinem Reisezyklus eine ganz eigenwillige Form der Haiku-Adaption

---

[27] Grünbein, Durs: *Lob des Taifuns*, S. 93.
[28] Grünbein, Durs: *Lob des Taifuns*, S. 98.

genutzt hat, die sich im Zwischenraum von westlichen und östlichen Poetiken verorten lässt. Das lyrische Ich erlebt sensuell im Rahmen eines interkulturellen Begegnungsprozesses die Großstadt Tokio. Ganz im Sinne des Polaroidgedankens nehmen die Haiku dabei keinerlei grundlegende Gesamtwertung vor. Gleichzeitig steht diesem Gedanken entgegen, dass viele Gedichte stark konstruiert erscheinen und keine einfache Sprache nutzen, sondern diese oftmals in einen Selbstbezug stellen. An die Stelle von Jahreszeitenwörtern treten bei Grünbein z. B. Namen von Filmcharakteren, um im Leser Imaginationsketten auszulösen. Die Wörter sind nicht aufgrund ihrer Wichtigkeit angeordnet, sondern folgen eher dem Prinzip der Passgenauigkeit des lyrischen Empfindens.

Jedes Haiku steht für sich, und als Gesamtzyklus ergeben sie ein facettenreiches Bild des Erlebnisraums Tokio, mit all seinen Licht- und Schattenseiten gleichberechtigt nebeneinanderstehend. Die Stadt präsentiert sich dem lyrischen Ich in einem multidimensionalen Erlebnisfeld gleichzeitig mit all seinen inneren und äußeren Widersprüchen, seinen unterschiedlichen Perspektiven und Geschwindigkeiten. Es wird kein multikulturelles Panorama gezeigt, sondern das Eigene und Fremde bleiben bestehen, werden klarer erkennbar und haben so gleichzeitig die Möglichkeit zu einer interkulturellen Begegnung im Zwischenraum. Die Grenzen zwischen Tradition und Moderne, Sehnsuchtsort und Realität sowie Natur und Technik werden nicht schroff, sondern eher schattiert erlebt. Das Phänomen des Übergangs erhält in diesem Zyklus eine besondere Bedeutung, da hier die zentralen Themen des lyrischen Ichs klare Konturen erhalten. Das lyrische Ich steht nüchtern und klarblickend in diesem gegensätzlichen Strom der Erlebniswelten von Lokalität und Globalität, Fragmentierung und gleichzeitiger Erweiterung des Wahrnehmungsfeldes und erlebt so in der Gestalt der Mega-City Tokio einen Brückenschlag von pulsierender östlicher Tradition und permanentem westlichen Modernisierungsprozess.

Primärliteratur:

– Grünbein, Durs: Das erste Jahr. Berliner Aufzeichnungen. Frankfurt am Main: Suhrkamp Verlag 2003.
– Grünbein, Durs: Lob des Taifuns. Reisetagebücher in Haikus. Mit Übertragungen ins Japanische und einem Nachwort von Yuji Nawata. Frankfurt am Main, Leipzig: Insel Verlag 2008.
– Grünbein, Durs: Vom Stellenwert der Worte. Frankfurter Poetikvorlesung 2009. Berlin: Suhrkamp Verlag 2010.

Klaus-Dieter Wirth

Warum ich Haiku in Englisch schreibe

Haiku auch in anderen Sprachen zu veröffentlichen, kann mehrere Gründe haben. Zunächst setzt es entsprechende Sprachkenntnisse voraus und sodann die notwendige Gelegenheit, für die so entstandenen fremdsprachlichen Texte eine Veröffentlichungsmöglichkeit zu finden.

Die erste Voraussetzung war in meinem Falle insofern erfüllt, als ich über angemessene Fähigkeiten im Englischen, Französischen, Spanischen und – etwas eingeschränkter – im Niederländischen verfüge. Die zweite Voraussetzung hatte sich bei mir glücklicherweise eher zufällig ergeben. So war ich zum ersten Mal bereits 1994 in die DHG eingetreten und hatte schon 1995 an der MV in Gföhl (Österreich) in Verbindung mit dem 100-jährigen Gedenken an die Geburt der Haiku-Pionierin Imma von Bodmershof teilgenommen, dabei – welch ein Zufall – auch David Cobb, einen der wichtigsten Gründungsmitglieder der Britischen Haiku-Gesellschaft, kennengelernt, der mir dann gleich eine neue Heimat in seiner BHS anbot, weil wir uns beide nicht damit anfreunden konnten, wie unkritisch man zu der Zeit in der DHG mit dem umging, was unseres Erachtens unter einer angemessenen Vorstellung vom Haiku zu verstehen war. In der

44

Folge trat ich kurz danach aus der DHG wieder aus und in die BHS ein, wo ich mich gleich aktiv sogar in die Gestaltung des derzeit viel diskutierten *Towards a Concensus* (Auf dem Weg zu einer Verständigung über das Wesen des Haiku) einbringen konnte. Und damit lief fortan alles per se bei mir auf Englisch.

Bereits im Folgejahr 1997 organisierte David das sogenannte *Shuttle-Event* mit 24 internationalen Teilnehmern, die sich zunächst in Calais (FR) trafen, um dann mit dem Eurotunnelzug nach Folkestone (GB) zu einem großen Empfang und am nächsten Tag wieder zurück nach Calais zu fahren. Für mich aber bedeutete das das persönliche Kennenlernen von Haiku-Größen ihrer Zeit, u. a. aus Großbritannien Richard Goring, Caroline Gourlay, Jackie Hardy, Martin Lucas, Fred Schofield, Alan Summers, Susumu Takiguchi und aus Irland Gabriel Rosenstock, aus den Niederlanden Wim Lofvers, Willem van der Molen, Marian Poyck, aus Belgien Bart Mesotten, aus Frankreich Alain Kervern, Georges Friedenkraft und aus Japan Ban'ya Natsuishi. Im Anschluss kam dann sogleich auch ein intensiver Kontakt mit den Niederländern und Flamen in Gang, Veröffentlichungen in Wim Lofvers mehrsprachigem *Woodpecker* (Specht), in Willem van der Molens *Kortheidshalve* (Der Kürze halber) und später auch im *Vuursteen* (Feuerstein), der seit 1981 existierenden, ältesten Haiku-Zeitschrift Europas. Begünstigt durch das neu aufkommende Internet kamen im anglophonen Raum weiterhin bald die amerikanischen Zeitschriften *Frogpond* (Froschteich), *Modern Haiku* und in Kanada die *Haiku Canada Review* hinzu. Mit der späten Gründung 2003 der frankophonen Haiku-Gesellschaft (AFH – Association française de haïku) fanden endlich auch meine Französischkenntnisse in deren Zeitschrift *Gong* ihre Anwendung und schließlich seit 2009 meine spanischen in der Internet-Zeitschrift H.E.L.A (*Hojas en la acera* – Blätter auf dem Bürgersteig). Erst im gleichen Jahr trat ich wieder in die DHG ein, die sich nämlich inzwischen zum Positiven entwickelt hatte und auch für die Zukunft eine fruchtbare Zusammenarbeit in Aussicht stellte.

Aber warum waren meine Beiträge in all dieser Zeit nicht nur bloße Übersetzungen von meinen deutschen Haiku, sondern auch direkte Originale in der jeweiligen Sprache? Die Erklärung ist einfach: Jede Sprache hat naturgemäß ihren eigenen Klang, Rhythmus, Charakter, ihre eigene Struktur, Bildlichkeit, Mentalität. Das macht dann im Einzelfall auch den ihr eigenen Reiz aus! Und genau dem jeweils nachzuspüren, ja immer wieder aufs Neue zu erliegen, gilt mein ganz persönliches Sehnen und Streben. Oft gibt eine gewisse Klangfolge, eine von vornherein überzeugende Wortkombination den entscheidenden Ausschlag, sich gerade auf diese oder jene Sprache festzulegen und ganz in ihrem Geiste auch die endgültige Abrundung zu suchen. Fast immer beweist im Nachhinein der Versuch einer Übersetzung in eine andere Sprache, dass der Entschluss richtig war, weil ansonsten Kompromisse hätten gemacht werden müssen. Aus eigener Erfahrung gibt es aber auch den zwar seltenen Fall, dass sich eine Übersetzung als gelungener erweist als die Originalversion. So oder so geht es letztlich um eine reizvolle, rein sprachliche Herausforderung.

Neue DHG-Mitglieder

Seit Jahresbeginn bis in den Juni hat die Deutsche Haiku-Gesellschaft 14 neue Mitglieder begrüßen können. Wir sagen: herzlich willkommen Michael Bölingen, Patrick Bothe, Dieter Gebell, Alexander Groth, Brigitte Hertlein-Stutz, Hilmar Hoffmann, Gerhard Klaes, Oliver Koch, Pedro Meier, Heike Pfingsten-Kleefeld, Friedemann Schmidt, Helga Weiss, Marion Worf und Hidetaka Yamasaki. Wir haben alle neuen Mitglieder eingeladen, uns Haiku zu schicken. Acht haben geantwortet, gerne veröffentlichen wir hier eine Auswahl ihrer Haiku.

Michael Bölingen aus Biberach an der Riß/Baden Württemberg

Oleanderbusch
Blüten begrüßen den Gast
Alle beisammen

Punkte im Feld
Kornblumen blau im Weizen
Feldarbeiter mäht

Dieter Gebell aus Gerolsbach/Bayern

Weißer Flieder
in Mutters Vase
blühen Erinnerungen

Hoher Besuch
in den Apfelblüten
ein Dompfaff

Alexander Groth aus Neuenkirchen/Mecklenburg-Vorpommern

feldpost –
sie fragt ihn nach namen
für ein mädchen

nach der Beerdigung –
der Enkelsohn winkt
den Wolken zu

Gerhard Klaes aus Essen/Nordrhein-Westfalen

Auf der Suche
nach dem Glück –
ein alter Tippzettel.

Traumlos.
Am Morgen
fehlt die Zeit.

Pedro Meier aus Niederbipp am Jurasüdfuss/Schweiz

Inmitten des Schilfs
ein verrottetes Ruderboot
das Ende vom Lied

Majestätisch ragt
der Fuji mit Wolkenkranz
Wind streicht durch Bambus

Heike Pfingsten-Kleefeld aus Braunschweig/Niedersachsen

Auf dem Friedhof
noch vor dem Grabstein
Fleißige Lieschen

Frankfurt/Oder
in den Gesichtern
die Grenze

Helga Weiss aus Braunschweig/Niedersachsen

in die Ferne
fliegt der Vogel im Käfig
mit seinem Gesang

Schatten fallen
eine Wolke vor dem Mond
stiehlt deine Worte

Marion Worf aus Dresden/Sachsen

Zweiter Kriegsfrühling
von der Prager Burg stürzen
Taubenschreie

Versandeter Hafen
die Zeit schwappte weiter
wir an der Mole

Kompakt

Haben Sie immer schon mal einen Begriff rund ums Haiku gehabt, zu dem Sie gerne etwas mehr erfahren würden? Dann schreiben Sie an die Redaktion oder an post@claudiabrefeld.de.

Claudia Brefeld

Honkadori

In der japanischen Poesie ist *honkadori* (本歌取, ほんかどり) einer von mehreren Begriffen, die zur Beschreibung von Anspielungen verwendet werden. Bei dieser Kompositionsmethode wird bewusst ein Teil eines bekannten alten Gedichts (*honka* 本歌, ほんか) in ein neues Gedicht integriert. Diese Technik wurde in der Kamakura-Zeit (11. bis 13. Jahrhundert) vor allem verwendet, um dem Gedicht Tiefe und mehrschichtige Ausdruckseffekte zu verleihen. Es ist also in gewisser Weise eine spezielle Form des Zitierens, aber gleichzeitig viel mehr als das. *Honkadori* werden so u. a. in der japanischen Kunst die Eigenschaften von *yūgen* (unergründliche Tiefe eines Haiku) und *ushin* (Ästhetik der Eleganz oder des Herzens) zugeschrieben. Außerdem ermöglicht die *honkadori*-Technik, ein Gedicht zu verfassen, das über das ursprüngliche hinausgeht. Dies setzt voraus, dass man sich mit dem *honka* auseinandersetzt, ein tieferes Verständnis dafür entwickelt. Für Fujiwara no Teika (1162–1241), ein japanischer Anthologe, Kalligraph, Dichter und Meister der *waka*-Form, war die Verwendung von *honkadori* aber auch von der Leserschaft abhängig. Diese sollte über ein umfassendes Wissen verfügen, um so Anspielungen und Verweise zu erkennen und entsprechend zu interpretieren – also das Heraufbeschwören des Kontextes des Originalgedichts zu erfassen.

Die Anfänge der *honkadori*-Technik sind jedoch schon früher zu finden:

Manyōshū*-Dichter entlehnten auffällig oft ganze Gedichtzeilen von anderen Dichtern, die ebenfalls in der Anthologie erscheinen. Obwohl diese Praxis wie ein Plagiat klingen mag, wurde sie von einem Dichter in Bewunderung und

Respekt für einen anderen ausgeführt. Keene (1999) zufolge glaubten die Manyōshū-Dichter nicht, dass ein Gedicht ausschließlich seinem Schöpfer gehörte. Sie schienen vielmehr der Meinung zu sein, dass Gedichte, die dasselbe Thema behandeln und sogar dieselbe Sprache wie bereits existierende Gedichte verwenden, Versuche aufeinanderfolgender Dichtergenerationen darstellen, um den Kern der zum Ausdruck gebrachten Gefühle zu berühren. Honkadori wurde von berühmten japanischen Dichtern und Prosaschriftstellern über die Jahrhunderte hinweg in unterschiedlichem Ausmaß weiter praktiziert. (in: Teaching Haiku Composition to English Language Learners through Honka-dori)

*Manyōshū – „Sammlung der zehntausend Blätter", 20 Bände, 8. Jhd.

Der Aspekt, dass ein Gedicht nicht ausschließlich seinem Schöpfer gehört, ist für westliche Dichter und Dichterinnen aufgrund der eher vorherrschenden Vorstellung von Einzigartigkeit nur schwerlich anzuerkennen.

Greift man wiederum folgendes Zitat auf, welches Matsuo Bashō auf die Haiku-Dichtung angewendet hat, erahnt man, dass *honkadori* auch eine enorme Fülle an kreativer Umsetzung beinhaltet, um bekannte Themen neu aufzugreifen:

„Folgt nicht den Fußspuren der Alten; sucht, was sie suchten."

世にふるも更に時雨のやどり哉
yo ni furu mo sara ni shigure no yadori kana

life in this world
just like a temporary shelter
from a winter shower

Leben in dieser Welt
wie ein kurzzeitiger Unterschlupf
vor einem Winterregen

Soogi 宗祇, Iio Sogi (1421–1502)

(Tr. Ueda Makoto)

世にふるも更に宗祇のやどり哉
yo ni furu mo sara ni Soogi no yadori kana

life in this world
just like a temporary shelter
of Sogi's

Leben in dieser Welt
wie ein kurzzeitiger Unterschlupf
Sogis

Matsuo Bashō 松尾 芭蕉 (1644–1694)

(Tr. Ueda Makoto)

Zeiten ändern sich. Fujiwara no Teika hatte ein ausgewähltes Publikum (Aristokraten am japanischen Hof), das sich in der gesamten japanischen Poesie bestens auskannte.

Heutzutage kann man allgemein, schon aufgrund der enormen Vielfalt im literarischen Bereich, nicht mehr davon ausgehen, dass eine einzelne Zeile (z. B. in einem Haiku) einem Original zuzuordnen ist. Daher bietet es sich an, diese Zeile als Zitat kenntlich zu machen und/oder dem neuen Haiku eine Fußnote anzufügen, in der das Originalwerk aufgeführt wird. So entsteht ein Haiku im Kontext – der Kreis schließt sich und eröffnet gleichzeitig den Raum für eigene Tiefe und Mehrschichtigkeit.

Quellennachweise:

1. Dictionnaire de japonais
   https://www.dictionnaire-japonais.com/w/53641/本歌取 (20.7.2024)

2. Hiroshi Sugimoto's ‚Honkatori' Exhibition
   https://www.tfwsa.or.jp/post/hiroshi-sugimoto-s-honkatori-exhibition (20.7.2024)

3. Ben Grafström (2017): Teaching Haiku Composition to English Language Learners through Honka-dori. 秋田大学(Akita University), 教養基礎教育研究年 (ANNUAL RESEARCH REPORT ON GENERAL EDUCATION), S. 19–27

4. Unison (shoowa). honkadori
   https://wkdhaikutopics.blogspot.com/2007/07/unison-shoowa.html
   (20.7.2024)

5. Academic Dictionaries and Encyclopedias – Honkadori
   https://en-academic.com/dic.nsf/enwiki/7779078 (20.7.2024)

Foto: Georges Hartmann und Haiku: Gabriele Hartmann

Auswahlen

Die Haiku- und Tanka-Auswahl September 2024

Es wurden insgesamt 205 Haiku von 87 Autoren und 60 Tanka von 26 Autoren für diese Auswahl eingereicht. Einsendeschluss war der 15. April 2024. Diese Texte wurden vor Beginn der Auswahl von mir anonymisiert.

Jedes Mitglied der DHG hat die Möglichkeit, eine Einsendung zu benennen, die bei Nichtberücksichtigung durch die Jury auf einer eigenen Mitgliederseite veröffentlicht werden soll.

Eingereicht werden können **nur bisher unveröffentlichte Texte** (gilt auch für Veröffentlichungen in Blogs, Foren, inklusive die Foren auf HALLO HAIKU, sozialen Medien und Werkstätten etc.).

Bitte keine Simultan-Einsendungen!

Bitte **alle** Haiku/Tanka **unbedingt gesammelt in einem Vorgang** in das Online-Formular auf der DHG-Webseite HALLO HAIKU selbst eintragen: https://haiku.de/haiku-und-tanka-auswahl-einreichen/

Ansonsten per Mail an: auswahlen@sommergras.de

Der nächste Einsendeschluss für die Haiku-/Tanka-Auswahl ist der 15. Oktober 2024.

Jeder Teilnehmer kann bis zu **sechs** Texte – **drei** Haiku und **drei** Tanka – einreichen.

Mit der Einsendung gibt der Autor/die Autorin das Einverständnis für eine mögliche Veröffentlichung in der DHG-Haiku-Agenda, auf http://www.zugetextet.com sowie für eine mögliche Vorstellung auf der Website der Haiku International Association.

Die Wertung der aktuellen Auswahl HTA wurde koordiniert von Eleonore Nickolay.

Haiku-Auswahl

Die Jury bestand aus Sylvia Bacher, Reinhard Dellbrügge und Hans Egerer. Die Mitglieder der Auswahlgruppe reichten keine eigenen Texte ein.
Alle ausgewählten Texte – 42 Haiku von 33 Autoren – werden in alphabetischer Reihenfolge der Autorennamen veröffentlicht. Es werden maximal zwei Haiku pro Autor aufgenommen.
„Ein Haiku, das mich besonders anspricht" – unter diesem Motto besteht für jedes Jurymitglied die Möglichkeit, bis zu drei Texte auszusuchen (noch anonymisiert), hier vorzustellen und zu kommentieren.
Da die Jury sich aus wechselnden Teilnehmern zusammensetzen soll, möchte ich an dieser Stelle ganz herzlich alle interessierten DHG-Mitglieder einladen, als Jurymitglied bei kommenden Auswahl-Runden mitzuwirken.
Kontakt: eleonore.nickolay@dhg-vorstand.de und
peter.rudolf@dhg-vorstand.de

Eleonore Nickolay

Ein Haiku, das mich besonders anspricht

Glockenläuten
auf dem Domplatz
TikTok Tänzer
Ingrid Meinerts

Dieses Haiku lässt zwei Welten aufeinanderprallen.

In den ersten beiden Zeilen wird der Leser mit Glockenläuten, einem Domplatz und folglich einem Dom, diesem steinernen Sinnbild einer zweitausendjährigen reichen Geschichte, konfrontiert, in der dritten Zeile mit Tänzern beim Herstellen ihrer ultrakurzen Videoprodukte – Clips, welche nur für den Augenblick, für den kurzen Kick gedacht und gemacht sind.

Auf der einen Seite wird eine gewaltige Tradition angesprochen, ohne die das Abendland nicht es selbst wäre, auf der anderen rücken die Jünger des Smartphones ins Blickfeld, welche mehrheitlich wohl kaum viel Interesse an historischen Hintergründen und Traditionen aufbringen dürften.

Es steht dem Interpreten frei, diese Entgegensetzung zum Beispiel als Widerstreit von Tiefe und Seichtheit, Beständigkeit und Sprunghaftigkeit zu deuten, oder sie etwa als Konflikt zwischen Verstaubtem und Modernem, zwischen Altväterischem und Jugendfrischem aufzufassen. Er könnte sogar eine Aufhebung der Gegensätzlichkeit unter einem übergeordneten Gesichtspunkt anstreben.

Der starke Kontrast, den das Haiku zeigt, ist dazu angetan, beim Leser eine Fülle von Assoziationen und weiterführenden Überlegungen auszulösen.
Ein Haiku mit großem inneren Spielraum!

Ausgesucht und kommentiert von Reinhard Dellbrügge

Auf dem Pausenhof –
am Zaun sieht ein Erstklässler
den Zugvögeln nach.
Moritz Wulf Lange

Die Schule ist neu für das Kind, es hat sich noch nicht eingelebt, steht abseits. Der Pausenhof ist eingegrenzt, bietet aber die Möglichkeit zum Tratschen, Platz zum Spielen, vor allem gewährt er einen Ausblick zum Himmel. Über den Hof-Ausschnitt fliegen Vögel. Hier sind es Zugvögel, die uns die Jahreszeit angeben, den Herbst und nahen Winter erahnen lassen, Zugvögel, denen das Kind sehnsuchtsvoll nachschaut.

Wie weit mag des Kindes Sehnsucht gehen, nur über die Einfriedung, die Mauer oder den Zaun des Schulhofs, nach Hause in die elterliche Wohnung oder weiter in ein fernes Land, aus dem die Familie weggezogen war oder flüchten musste.

Zugvögel als Symbol für die grenzenlose Freiheit, ohne Mauern und Zäune. Die Ziele der Zugvögel sind uns nicht bekannt, werden nicht genannt, und auch das Sehnsuchtsziel des Kindes bleibt hier offen für die Fantasie des Lesers …

Ausgesucht und kommentiert von Sylvia Bacher

Der Kinderschreibtisch –
ein Smartphone und ein neues
Kastanienpferd.
Moritz Wulf Lange

Es ist ein Stillleben, das sich dem Leser, den Eltern oder einem Elternteil darbietet. Vielleicht sitzt auch der Jugendliche am Schreibtisch und blickt auf die Gegenstände, die vor ihm liegen: sein Smartphone und ein Kastanienpferd, ein neues, das so dem Leser unauffällig die Jahreszeit unterjubelt.

*Kinder*schreibtisch steht hier, ist er das wirklich oder ist er ein Relikt aus der Kindheit, welches der heranwachsende Jugendliche weiter benutzt. Ob Mädchen oder Knabe ist aus den Gegenständen nicht ersichtlich. Ein Jugendlicher zwischen zwei Entwicklungsphasen, schon fast erwachsen und doch noch ein Kind.

Das verspielte Kind oder der eifrige Grundschulschüler hat das Pferd vielleicht selber gebastelt, hingegen dient dem jungen Heranwachsenden das Smartphone dem Kontakt zu seinen Freunden, zum Briefe schreiben, für Recherchen im Internet, als Anzeiger für die Uhrzeit, um Musik zu hören – oder auch zum Spielen. Viele Gegensätze, Möglichkeiten und offene Fragen.

Ausgesucht und kommentiert von Sylvia Bacher

Sommer-Karussell –
die Enkelin wickelt mich
um den kleinen Finger
    Gérard Krebs

Hier dreht sich alles: real das Karussell, ein Sommer-Karussell, im Freien auf einem Jahrmarkt, einem Volksfest oder einer ähnlichen Veranstaltung. Eines für kleine Kinder, das sich langsam dreht, mit Sitzen auf Pferden oder in Autos. Im Gegensatz dazu dreht sich die Oma um den kleinen Finger der Enkelin, sie wird „um den Finger gewickelt", eine Redewendung, die uns erahnen lässt, mit welchen Tricks und mit welchem Charme das Kind die Oma dazu bringt, ihm nochmals eine Runde auf dem Ringelspiel zu erlauben und zu spendieren. Wie oft wohl? Und wie windet sich, am beabsichtigten Ende des Ausflugs in den Vergnügungspark, die schwindlige Oma nach einigen Runden wieder heraus. Mit einem kleinen Schwindel?

Ausgesucht und kommentiert von Sylvia Bacher

Die Auswahl

und wenn
der Mauersegler
ihre Seele wäre
    Martin Berner

Samstagmorgen
den Fußballteil lesen
ohne ihn
    Claudia Brefeld

Mein Bankkonto
Ist so leer wie mein Herz
Als du dich verabschiedest
    Christine Bigley

Handfläche über Handfläche
unsere Lebenslinien
berühren sich
    Maya Daneva

Isländisches Moos
die unsichtbaren Fußspuren
der Elfen und Trolle

Maya Daneva

Ein gefallenes Blatt.
Die Segmente meiner Wirbelsäule
beim Bücken.

Volker Friebel

Erdkundeunterricht
ein Flüchtlingskind hört nicht auf
den Globus zu drehen

Ivan Georgiev

drei zeilen
ein wenig glut - genug
ein feuer zu entfachen

Gregor Graf

im Aufwachraum –
von irgendwoher quietscht
ein Gummischuh

Claus Hansson

Der Ruf der Krähe –
so hat er schon geklungen
vor meiner Geburt.

Torsten Hesse

Sommer-Karussell –
die Enkelin wickelt mich
um den kleinen Finger

Gérard Krebs

Mittsommerabend
Ameisen ziehen
die Katzenleiter hinauf

Bernadette Duncan

Klinikzimmer.
Von ihrem Herzen spricht
das EKG.

Volker Friebel

er tastet liebevoll
über ihr gesicht
um zu sehen

Gregor Graf

lavendelgarten
die katze schnurrt
sich in mein haiku

Alexander Groth

Novemberregen
trommelt ans Fenster – horch,
die Welt da draußen!

Torsten Hesse

Altes Ehepaar –
vor dem Liebesspiel zieh'n sie
die Hörgeräte.

Manfred Georg Karlinger

Auf dem Pausenhof –
am Zaun sieht ein Erstklässler
den Zugvögeln nach.

Moritz Wulf Lange

Am Totensonntag
bei der Namensverlesung
zusammenzucken.

Moritz Wulf Lange

Gepflügte Felder.
Worüber haben wir uns
gestritten?

Eva Limbach

Glockenläuten
auf dem Domplatz
TikTok Tänzer

Ingrid Meinerts

nach der Kräuterwanderung
Blüten-Essenzen
online kaufen

Ruth Karoline Mieger

Reisebekanntschaft
im falschen Zug
ein gutes Gespräch

Eleonore Nickolay

Gruppenreise in den Süden
Hochbetrieb
am Schwalbentreff

Jutta Petzold

der Feind im Spiegel
auch der Amselmann
hat seine Probleme

Wolfgang Rödig

Wie Marmelade –
für später hat sie gesagt.
Das Gefühl von jetzt.

Manuel Liepert

zugvögel
in meinem tagebuch ein
vielleicht

Eva Limbach

Blickwechsel
heut nehme ich
die rosa Brille

Ingrid Meinerts

Einschulungsfeier
seine Sonnenblume schenkt er
Oma

Ruth Karoline Mieger

zurück am Meer
ihr tiefer Atemzug
mit halber Lunge

Eleonore Nickolay

Ein Schlafsack
unter der Brücke
Leben

Heike Pfingsten-Kleefeld

mein Tageshaiku
ersetzt jenen Schmetterling
der heute nicht kommt

Peter Rudolf

unter der brücke
ein morgenlächeln
ohne zähne

Daniel Sauter

Bahnfahrt
das Display des Nachbarn
spiegelt die Welt

Evelin Schmidt

alte Mauer –
wir fotografieren
den jungen Mai

Angelica Seithe

der Bus kommt
über die Fahrbahn eilt
eine Maus

Traude Veran

Sonderangebot
Sie sprintet zur Auslage
Mit dem Rollator

Thomas Wittek

Gedichte am Teich –
plötzlich quaken sie alle
diese Frösche!

Maren Schönfeld

blasse Fotos
ziehe ich aus dem Karton
sie sticht heraus

Helga Schulz Blank

Küchengeräusche
Die neugierige Nase
kommt schnüffelnd herbei

Angela Hilde Timm

Bibliothek
der alte Mann wie ein Bild
von Spitzweg

Friedrich Winzer

Junger Mann im
Selbstgespräch
Er hört nichts Neues

Udo Zielke

Die Jury stellt sich vor

Sylvia Bacher:

Zur Verbesserung schon meiner frühen Lyrikversuche schien mir am besten Kritik von außen geeignet. Bei der Suche nach Lyrikwettbewerben stieß ich auch auf den Hamburger Haiku Verlag. 2012 schickte ich drei Haiku ein. Davon wurde eins genommen, was Motivation zum

Weitermachen war. Bald danach trat ich der DHG bei, anschließend der ÖHG.

Haiku sind seither meine ständigen Begleiter, denn überall in der Natur und im täglichen Leben gibt es Eindrücke, Erinnerungen, die festgehalten werden wollen. Silbenzählen hat sich in der Zwischenzeit erledigt, heute liegen meine Schwerpunkte in der Beachtung der Konkretheit, Vermeidung von Eintönigkeit, Erhöhung der Spannung mit Verlegung des *kireji* vom Zeilenende in die Mitte der zweiten Zeile und schließlich der Öffnung für die individuelle Interpretation. Der Poesie versuche ich durch behutsame Verwendung von Metapher und Binnenreim gerecht zu werden.

im kurpark dem fluss
lauschen – im wasserrauschen
die kindheit

Reinhard Dellbrügge:

Ende der Achtzigerjahre stieß ich zufällig auf eine von Jan Ulenbrook aus dem Urtext ins Deutsche übertragene Sammlung japanischer Haiku. In den folgenden Jahren kam ich zuweilen auf die Haiku zurück, indem ich mich selbst an ihnen versuchte, sowie auch durch gelegentliche Lektüre. Dann verdrängten andere Dinge das Haiku über Jahre hinweg.

Im Jahre 2010 entdeckte ich im Internet die DHG und „Haiku heute". Mein Interesse erwachte erneut. 2013 wurde ich Mitglied der DHG. Seit diesem zweiten Anlauf begleitet mich das Haiku kontinuierlich.

Was nun fasziniert mich an dem Genre?
Das Haiku lässt jeweils gegenwärtige Dinge und Vorgänge in aller Kürze und Konkretheit für sich selber sprechen. Es berührt damit etwas Elementares. Das Haiku gibt Fingerzeige. Dazu bedarf es nur weniger Worte, deren Bedeutung sich in präsentierenden Hinweisen erschöpft.

Ein wichtiges Merkmal eines guten Haiku ist das ihm immanente Ungesagte, auch als Offenheit bezeichnet. Diese Offenheit umschließt, ästhetische Kriterien übersteigend, auch Ungesagtes, das nicht nur willentlich nicht gesagt wird, sondern das nicht gesagt werden *kann*, nicht *sagbar ist*. Dieses Unsagbare scheint im Wahrgenommenen mitunter auf. Bereits im Augenblick des Staunens über das Das der Dinge öffnet sich diese Dimension. In einem Haiku, welches darauf reagiert, wird das Unsagbare durch das Ungesagte gesagt.

Vielleicht ist es die Tiefe der Oberfläche, die mich am Haiku fasziniert.

Früher Morgen.
Tiefe Stille füllt die Pausen
im Spatzengespräch.

Hans Egerer:

Den kreativen Ausgleich zum Berufsleben habe ich schon immer gerne im Zeichnen sowie im Schreiben von Gedichten gesucht. Dabei bin ich vor einigen Jahren auch auf das spannende Format des Haiku gestoßen und in der Folge 2017 Mitglied der Deutschen Haiku-Gesellschaft geworden.

Der anregende und angenehme Austausch in der virtuellen Haiku-Gruppe zu den eigenen bzw. zu den vorgestellten Haiku der anderen Teilnehmer haben mein eigenes Lesen und Schreiben von Haiku gefördert und mich ermutigt, auch einmal die HTA-Jury zu unterstützen.

Mich erfreuen besonders die Haiku, die sprachlich unprätentiös verfasst sind, dem Leser aber viel Spielraum für eigene Interpretationen und – wenn möglich – durch überraschende Wendungen auch noch Platz zum Schmunzeln lassen.

Formale Vorgaben für ein Haiku bleiben für mich auf die Dreizeiligkeit beschränkt.

auf ein neues
die alten fußstapfen
sind weggetaut

Tanka-Auswahl der HTA

Die Auswahl wurde von Claudia Brefeld, Horst-Oliver Buchholz und Sylvia Hartmann vorgenommen. Sie wählten 10 Tanka von 9 Autoren und Autorinnen aus.

„Ein Tanka, das mich besonders anspricht" – hier wird ein Tanka vorgestellt und kommentiert von Sylvia Hartmann.

Ein Tanka, das mich besonders anspricht

> Im Herbstregen
> das Blau ihrer Handschrift
> ein wenig verschmiert …
> 3-Zimmer-Wohnung gesucht
> in Nähe des Altenheims
>
> **Deborah Karl-Brandt**

Auf Frühling und Sommer folgt der Herbst – das ist im Jahresablauf genau wie im Lauf des Lebens. Doch während es in Frühjahr und Sommer bergauf geht – erst werden die Tage immer länger, dann lockt uns die Sonne nach draußen – verlangt uns der Herbst einiges ab. Im Frühherbst gibt es zwar oft noch sehr schöne Tage, aber spätestens im November spüren wir, dass der Winter vor der Tür steht. Wir ziehen uns wärmer an und verbringen einen Teil der kurzen Tage im Haus. Der Herbst des Lebens bringt andere Herausforderungen mit sich: das Nachlassen der Kräfte, den Verlust von Menschen, die Notwendigkeit, Hilfe annehmen zu müssen, etwa in einem Altenheim. Keine einfache Lektion, schon, wenn man es bei Menschen miterlebt, die einem am Herzen liegen, wie etwa den Eltern oder dem Partner, und erst recht, wenn man selbst vor der Aufgabe steht. Im Tanka klingt an, dass ein Umzug ins Altenheim einen großen Einschnitt darstellt und mit tiefgreifenden Veränderungen verbunden ist: ob für den Betroffenen selbst oder die, die ihm als Ehepartner oder Kinder verbunden sind und ihm nahe bleiben wollen. Das im Herbst unvermeidliche Regenwetter passt zu diesem Abschied, aber es ist wohl nicht nur Regen, der in der im Tanka beschriebenen Situation die Tinte verschmiert, sondern auch die ein oder andere Träne. Mir gefallen die Menschlichkeit und die dichte Stimmung, die hier zum Ausdruck kommen.

Die Auswahl

Geöffnete Gartentür.
Der weiße Schmetterling wirbelt
über den Zaun.
Wie lang ich auch ging,
nie kam ich an.

Volker Friebel

mein Gang zum Vatergrab
jedes Mal werden meine Gedanken
versöhnlicher
als ob ich allmählich
sein Wesen verstünde

Birgit Heid

An fremden Gärten
wandere ich vorüber
voll Bewunderung
für die Vielfalt der Zäune,
und die Schönheit der Tore.

Torsten Hesse

Im Herbstregen
das Blau ihrer Handschrift
ein wenig verschmiert ...
3-Zimmer-Wohnung gesucht
in Nähe des Altenheims

Deborah Karl-Brandt

auf dem Bürgersteig
streitet er sich mit jemandem
per Handy
unbekannte Passanten
tragen ihr Schweigen vorbei

Dragan J. Ristić

Meine Müdigkeit
unter der schweren Decke
des Wolkenhimmels
Der Februar beginnt
mit stürmischen Tagen

Susanne Schöck

Tagundnachtgleiche
nach dem Sonnenwendfeuer
ins Dunkle gehen
sie leuchten uns den Weg
Glühwürmchen

Helga Schulz Blank

Frühlingsmorgen –
manchmal merkt man erst
im Nachhinein,
dass es da einen Moment gab,
an dem man glücklich war

Angelica Seithe

Sie umarmen sich
als stünde dort am Strand
vor weitem Himmel
ein Menhir
groß und einsam am Meer

Angelica Seithe

modelliert
in Opas Gesicht
Falte für Falte
vom Schein
des Kartoffelfeuers

Friedrich Winzer

Sonderbeitrag von René Possél

René Possél hat aus allen anonymisierten Einsendungen ein Haiku ausgesucht, das ihn besonders anspricht.

unter der brücke
ein morgenlächeln
ohne zähne

Daniel Sauter

Mich hat die Schlichtheit und Wärme dieses Haiku beeindruckt und zur Besprechung angeregt. Es ist ein bekanntes (Klischee-) Bild: Obdachlose, die unter einer Brücke leben. Der Autor/die Autorin hat sie wahrgenommen und ist selber bemerkt worden.

Wer auch immer eine Nacht unter der Brücke hinter sich hat, dem werden das Leben (und die kalte Nacht) nicht so gut mitgespielt haben.

Dennoch begrüßt der/die Obdachlose diesen Morgen und einen zufälligen Passanten mit einem Lächeln. Die dritte Zeile überrascht mit einer in den Kontext passenden, humorvollen Beschreibung des Lächelns: es ist eines „ohne zähne“.

Trotz Übernachtung unter der Brücke und obwohl der Mensch ohne Zähne auskommen muss, schenkt er/sie sich und dem Betrachter/der Betrachterin ein Lächeln für den neuen Tag.

Das Haiku nennt nicht das Wort „clochard“ und nicht „Mensch“. Es erspart sich das Offensichtliche wie auch das Mitleid. Menschlichkeit stellt sich gewissermaßen „en passant“ ein.

Da lächelt wer – da staunt wer: über die unerwartete und zahnlose Heiterkeit eines vermeintlich „armen“ Menschen … Einfach und herzwärmend.

Mitgliederseite

Jedes Mitglied der DHG hat die Möglichkeit, eine Einsendung zu benennen, die bei Nichtberücksichtigung durch die Jury der Haiku- und Tanka-Auswahl auf dieser Mitgliederseite veröffentlicht werden soll.

Gänsevögelschar.
Winkelflug über dem Strand
im Morgendämmer.

Thomas Berger

Maibaum
das Aufleben
der alten Reigentänze

Hildegard Dohrendorf

obdachlos –
neben ihm abgelegt
die Brötchentüte

Claus Hansson

in der dämmerung
(nein, sie steht mir noch bevor)
weiter mit den wolken

Bernhard Haupeltshofer

Bruders Geburtstag –
eine Biene fliegt
aus dem Eisschrank.

Saskia Ishikawa-Franke

nachts wohl Polarlicht
ich schaue oben
nach Vater

Marcus Blunck

12 Grad und Regen
ihr freier Bauchnabel
lässt mich frösteln

Dieter Gebell

Nebel
fällt mir leicht
nichts zu schreiben

Gabriele Hartmann

sonnwendfeuer
als hätte ich
schon einmal gelebt

Birgit Heid

In der Gartenlaube
Bashō lesen im Mondlicht
unverhofft ein Frosch

Pedro Meier

drüben das taxi
zur chemotherapie
es fährt noch immer

Johann Reichsthaler

der Mond so blass –
Horrorszenen aus dem Traum
so lebendig

Dragan J. Ristić

schwarzes etwas
schnabel weit und breit
kein wurm

Karl Rudolphi

Frühlingsmond
verdeckt von zahllosen
Gardinen

Kristoffer Schneider

In der Luft liegen
schon herbstgefüllte Träume –
sie duften nach Glück.

Katja Schröder

Altweibersommer
Spinnfäden von Baum zu Baum
Seiltanz in der Luft

Christa Wächtler

Drückende Hitze
Donnerkrachen durch die Nacht
Stille

Bernd Reklies

das heute-Haiku
geht im strömenden Regen
den Bach runter

Peter Rudolf

ein Windsurfer
weit draußen die Möwe
schnappt sich mein Brot

Frank Sauer

Kastanien –
noch weißt du was das Wort
uns bedeutet

Maren Schönfeld

Ein sonniger Tag
Blüten auf der Wiese und
meinem Sommerkleid

Angela Hilde Timm

Starker Wind am See
Im Wasser zittern Bäume
darauf ein Küken

Jennifer H. Weber

Jetzt blüht die Rose
der Wind trägt den Duft ans Grab
die Trauer macht sich breit

Johannes Weber

zarte rosa Blüten
verführen goldene Bienen
es blüht die Heide

Stefanie Wichert

Dumpfes Grollen
vom See – heimwärts wie der Blitz
auf dem Drahtesel

Dagmar Westphal

der klagende Ruf
eines Seetauchers
Magie der Einsamkeit

Klaus-Dieter Wirth

das Graffiti an der Mauer des Schweigens – scharlachrot

Angela Schmitt

Foto: Paul Bernhard und Haiku: Claudia Brefeld

Die Auswahl der folgenden Texte ebenso wie alle in dieser Ausgabe abgedruckten Haiga erfolgte durch Horst-Oliver Buchholz, Eleonore Nickolay, Claudia Brefeld und Sylvia Hartmann.
Bei eigenen Einreichungen enthalten sich die Redaktionsmitglieder ihrer Stimme, Meinung und Wertung.
Gerne verstärken wir unsere Jury in jeder Ausgabe um eine wechselnde Gaststimme. Wir laden alle DHG-Mitglieder ein, sich hierzu bei der Redaktion unter redaktion@sommergras.de zu melden!

Bei allen Beiträgen (inklusive Haiga) bitte keine Simultaneinsendungen. Bitte senden Sie je Gattung (Haiga, Haibun, Tan-Renga, etc.) **maximal drei** Beiträge an redaktion@sommergras.de!

Haibun

Birgit Heid

Unbeschrieben

Ein Post in „Nebenan.de". Von einer jungen Mutter werden Ersatzgroßeltern gesucht, da ihre geliebten Großeltern vor einigen Jahren verstorben seien. Über die Modalitäten der neu aufzubauenden Beziehung werden in der Anzeige keine näheren Angaben gemacht.

> Schritt ins Bodenlose
> meine weichen Knie
> bei der Begegnung

Ich schreibe die junge Frau an, bekunde mein Interesse und nenne ihr meinen Stundenlohn. Sie antwortet, dass an keinerlei Vergütung gedacht sei, die gegenseitige Freude aneinander solle bestimmend sein. Sie finde meine finanzielle Forderung frech.

Karriereleiter
was man von hier aus
sehen kann

Dass man Verantwortung übernehme, geschult sein sollte und sich versichern müsse, erspare ich mir, ihr zu antworten. Die jungen Leute müssen ihre eigenen Erfahrungen machen.

Weißes Blatt
was wird aus den
kindlichen Skizzen?

Offenbar bleibt ihre Anzeige erfolglos.

Bernadette Duncan

Der Herbst

fragt die Bäume goldene Vokabeln ab und wirft die gewussten auf die Erde. Könnten wir nur lesen! Der Glanz auf den in alle Richtungen weisenden Spinnfäden führte uns nie mehr in die Irre. Zum Glück aber treffen wir drei alte Damen, die – mit mindestens zweihundert Jahren Wohlwollen im Blick – den Weg erklären, und obwohl im analogen Licht dieses Septembertags die Schatten ohne Wenn und Aber zu uns stehen, erreichen wir unser Ziel noch vor Einbruch der Dunkelheit.

dichtgedrängt
im hofcafé
kürbissuppe löffeln

Bernadette Duncan

Heureka

Telefonischer Abschied. Bienenwabenartig bedecken die in der letzten Stunde gekritzelten Rahmen um einige Haiku auf dem Block vor mir das Papier. Begeistert von dem (zwar schon manches Mal gelesenen, aber nie mein Herz auf diese Weise berührenden) Gedanken, dass jeder kleine literarische Versuch zu einem großen Ganzen beiträgt, kommt der Zettel zur Einkaufsliste an den Kühlschrank – nur um bald darauf beim Lüften der Katze vor die Pfoten zu wehen. Auch der Wunsch, endlich einmal das eine wirklich perfekte Gedicht zu schreiben, verschwindet …

erntedank
einer bringt fremde wörter
fürs gemüse

Udo Zielke

Alter Fischer

„Alter Fischer" ist die Zeichnung benannt, die gerahmt an der Wohnzimmerwand hängt. Es sind schwarze Linien, mit denen der Künstler das furchige Gesicht auf das Papier gebracht hat. Für mich weitet sich die Szene aber zu einem größeren Bild.

An der Spitze der Zigarette in seinem Mund glimmt die Glut in grellem Rot und Gelb, bevor sie wieder fast erlischt. Aufgeschichtete Findlinge bilden die Hafenmauer. Er sitzt darauf und blinzelt in die letzten Sonnenstrahlen dieses Herbsttages. Die Netze in der Nähe sind nicht seine; er fährt schon länger nicht mehr hinaus. Sein altes Boot liegt seit Jahren unbenutzt am flachen Strand, auf den jetzt sanfte Wellen rollen.

Der alte Mann wirkt sehr zufrieden. Ich will ihn gerade etwas fragen, als meine Frau mich erinnert, dass mein Essen kalt wird.

Kein einziges Wort
Er erzählt mir
sein ganzes Leben

Angelika Holweger

Das Gedicht

Wieder einmal beschwere ich meine frisch beklebten Doppelkarten zweckentfremdet mit einigen meiner Kunstbände. Hauptsache schwer! Dabei fällt mein Blick auf die erste Innenseite eines der Bücher. Ein Gedicht ohne Titel und von Hand geschrieben vor gut 10 Jahren. Das Geschenk einer Bekannten.
Zeitvergessen lese ich jene Zeilen wieder und wieder, bemerke dabei erschrocken, dass ich erst jetzt den Inhalt, die ganze Tragik ihrer Worte, begreife.
Bilder, Gedanken und viele Ängste steigen auf und durchwirbeln mich.

im Adressbuch
die Nummer
ich wähle … ungültig

Bei weiteren Recherchen erfahre ich, dass die Frau unbekannt verzogen sei.

Tan-Renga

Michaela Kiock und Gabriele Hartmann

    der Bogen
    gespannt – das ferne Blau
    wechselt den Ton

    durchs Fenster zuckt
    ein erster Blitz

GH / MK

Michaela Kiock und Gabriele Hartmann

    Rosengarten
    das Zögern
    in ihren Augen

    vor dem Schnitt
    ins alte Holz

MK / GH

Kettengedichte

Es können auch längere und lange Kettendichtungen eingereicht werden,
diese werden dann aber nicht mehr im SOMMERGRAS, sondern auf der
DHG-Website parallel zur jeweiligen SOMMERGRAS-Ausgabe veröf-
fentlicht. Auf diese Weise wird die gemeinschaftliche Kettendichtung bes-
ser gefördert, da es so keine Platzeinschränkungen mehr gibt, die beim
SOMMERGRAS ja immer eine Rolle spielen.
Die Kettendichtungen (*renku*) bitte immer mit dem zugrunde liegenden
Schema und Anmerkungen einreichen, da es so für die Leser besser nach-
vollziehbar ist. Wir freuen uns auf Ihre Zusendungen!

Angelika Holweger

Die Flugschrift der Schwalben
Solo-Renhai

Schwarzweißfoto
das Mädchen im Gras
so klein und so fremd

Samenschirmchen wirbeln
lese die Flugschrift der Schwalben

Gegenwart und Zukunft
verschwimmen im
nächtlichen Himmel

Bücher

Sie haben auch eine Neu-Veröffentlichung, die wir hier besprechen könnten? Dann schreiben Sie bitte eine E-Mail an die Redaktion: redaktion@sommergras.de. Dort erhalten Sie die Postadresse, an die Sie ein Rezensionsexemplar schicken können.
Ein Anspruch auf eine Buch-Besprechung besteht nicht.

Hinweis zum Verfassen von Rezensionen/Buchvorstellungen:
Bitte beachten Sie, dass die Angaben zum Buch vollständig gemacht werden. Dazu gehören:
Name: Titel. Untertitel (soweit vorhanden). Weitere Details/Besonderheiten zum Buch. Verlag, Ort. Jahreszahl. Seitenzahl. ISBN.
Bitte zitieren Sie **maximal** zehn Prozent der im besprochenen Buch enthaltenen Haiku und achten Sie darauf, ob Autor/Autorin/Verlag das Zitieren genehmigt.

Rüdiger Jung

Zeit verrinnt stetig

Gisela Gülpen: Zeit verrinnt stetig. Haiku. Hrsg. Ingo Cesaro. Papier: aufwändiges Werkdruckpapier 175 g/qm im Japanblock. Schrift: Gadugi 14/16p; Umschlag handgeschöpft in Nepal mit eingeschöpften Wollfäden. Umschlagdruck: Bleisatz, Buchdruck. Verarbeitung und Durchstichbindung: Gisela Gülpen. 33 Exemplare, nummeriert und signiert. 40 Seiten. Kronach: NEUE CRANACH PRESSE 2024

„Wo blieb nur die Zeit?" fragt Gisela Gülpen am Ende zweier ihrer 72 neuen Haiku (S. 29, S. 37). Bestimmende Größe im Haiku: die Natur im Spiegel der Jahreszeiten – eine Schönheit, die zu genießen, aber nicht zu halten ist. Bloßer Idyllik ist damit von vornherein jeder Boden entzogen. So sicher der Schnee das Auge sättigt – den Magen sättigt er nicht:

Kalter Ostwind treibt
Schneeflocken ins Futterhaus.
Warten auf Frühling.   S. 6

Das Ringen des kommenden Frühlings mit dem scheidenden Winter ist
existenziell, zumal für die kleinsten der Protagonisten:

Die Weidenkätzchen
schimmern schon silbrig am Strauch.
Sonst alles eisstarr. S. 9

„Vorreiter" mag ehrenhaft sein – doch: Wer zu früh kommt, den bestraft
das Leben:

Einzelne Biene
schwirrt schon um Weidenkätzchen.
Zu früh unterwegs. S. 11

Kostbare Augenblicke (im wahrsten Sinne des Wortes) sind – so hießen
einst die berühmten japanischen Farbholzschnitte – „Bilder der flüchti-
gen Welt":

Marienkäfer.
Farbtupfer auf Ginkgoblatt.
Regen vertreibt ihn. S. 19

Die Pole sind gesetzt, zwischen denen das Haiku sich bewegt: Schönheit
und Vergänglichkeit:

Wilder Wein umrankt
nun fast das uralte Haus.
Verdeckt die Risse. S. 22

Nicht zuletzt der Geruchssinn verbürgt noch eine andere Qualität, die Ver-
gangenes in die Gegenwart ragen lässt:

Verblühter Flieder.
Ein Hauch von Duft im Garten.
Erinnerungen. S. 28

Weshalb die Vergänglichkeit nicht einfach der Schatten des Schönen ist, sondern durchaus auch die Freuden der Kindheit ganz konkret und sinnlich wachruft:

Bunte Herbstblätter
bedecken alle Wege.
Rascheln beim Gehen.   S. 34

Dabei hat das Vergehen durchaus seine eigene Klimax: vom Schweben über den Tanz zum eisigen Diktat des Windes:

Schwebende Blätter.
Heute tanzt alles nach der
Pfeife des Herbstwindes.   S. 35

Nirgends gerät ein Haiku stärker als da, wo das einzelne Blatt, die einzelne Blüte, die einzelne Frucht in den Blick kommt:

Vom Herbstwind gepflückt
schwebt es sanft zur Erde – das
allerletzte Blatt.   S. 36

Brigitte ten Brink

BE-GEISTERUNG
Renshi

Dorothea & Norbert Flemming, Gabriele & Georges Hartmann: BE-GEISTERUNG. Renshi. Paperback. bon-say-verlag Höchstenbach. 2024. 24 Seiten. Titelfoto: Buch an Buch. Georges Hartmann. Covergestaltung: Gabriele Hartmann.
ISBN 978-3-945890-55-4. Zu beziehen unter info@bon-say.de

Bei der Besprechung dieses Büchleins fange ich von hinten an, beim Nachwort nämlich. In diesem wird erklärt, worum es sich bei einem Renshi handelt.

Renshi zählen zu den Kettengedichten, die von mehreren Verfassern abwechselnd geschrieben werden. Im Gegensatz zu anderen Formen der Kettendichtung, wie z. B. Tan-Renga, Rengay, Renhai oder dem Junicho ist sowohl die Anzahl der Kettenglieder als auch ihre Form frei. Ebenso gibt es keine bestimmten inhaltlichen Vorgaben, die erfüllt werden müssen. Wichtig ist allerdings, dass die Schreiber der einzelnen Kettenglieder jeweils ein Wort oder den vordergründigen Sinn aus dem vorhergehenden Text aufgreifen und daran anknüpfen, dem Text aber eine weitere Ebene, einen weiteren Gedanken hinzufügen.

Die vier Autoren dieses Büchleins haben einen gemeinsamen Besuch des Klosters Maria Laach in der Eifel als Anlass zum Schreiben genommen. Entstanden sind so gedankenvolle und tiefgründige Texte, die sich mit Gott und der Welt, dem eigenen Erleben und Empfinden sowie den Assoziationen beschäftigen, die die Umgebung und der vorhergehende Text auslösten. Aufgrund der freien Form sind die einzelnen Kettenglieder mal kürzer, mal länger, in Prosa mit oder ohne Haiku oder Tanka, eher erzählend oder eher lyrisch verfasst, jedoch aufeinander aufbauend, anknüpfend, sodass eine Geschichte mit immer wieder neuen Aspekten entsteht.

Um dieses Prinzip bzw. Konzept der Renshi-Dichtung und die unterschiedliche Formgebung zu veranschaulichen, hier ein Beispiel aus dem Büchlein:

fraglos ein wahrer Freund
der sein Bedürfnis
hintanstellt

… zur Erleichterung seiner Freunde.
     Dorothea (S. 5)

Freunde, die ich lange nicht gesehen … Mein Kopf sucht nach Worten, findet wie immer keinen Anfang … Hölzern wie eh und je und im Gehirn nur leere Wüste und die Angst vor dem ersten Wort. Das Kloster wie ein Bollwerk gegen den Ungläubigen trutzig und abweisend, kalt und düster das Innere, legt es mein Gemüt lahm, bis dann plötzlich die Erinnerung an jene Kapuzinermönche durchs Gehirn zuckt, welche bei meiner schwerhörigen, von der Gicht geplagten Oma zu oft ein- und ausgingen, aber stets mit größeren Geldscheinen versorgt, laut lachend wieder verschwanden …

vom Glauben enttäuscht
die Suche nach der Wahrheit
bleibt stumm wie ein Grab

… werde ich Gott jemals verstehen?
     Georges (S. 6)

Beim Gang der vier Autoren durch die architektonisch imposante klösterliche Anlage vermischen sich Geschichte, Religion und Wissenschaft mit ihren ganz persönlichen Gefühlen, Wahrnehmungen und Gedanken, denen sie in ihren jeweiligen Textbeiträgen Ausdruck verleihen.

Es ist aber auch die Weiterführung dieser Eindrücke in dem jeweils folgenden Kettenglied, welche das Renshi so lesenswert machen. Aus einem Aspekt ergibt sich ein weiterer, ein neuer, der immer wieder auch in einem metaphysischen Gedankengang mündet. In der Gesamtschau ist das Renshi *BE-GEISTERUNG* eine kluge, nachdenkliche und sehr philosophische Retrospektive dieses Ausflugs in die Geschichte des Klosters Maria Laach.

Eine Leseprobe findet sich auf der Web-Seite des bonsay-verlages unter https://bon-say.de/project/be-geisterung/

Brigitte ten Brink

Nahaufnahme

Norbert Flemming: NAHAUFNAHME. Haibun. Paperback. 65 Seiten. Eigenverlag. Wuppertal 2024
Zu beziehen unter donofle@t-online.de

Mit „NAHAUFNAHME" legt Norbert Flemming nach „KONTAKT-AUFNAHME" sein zweites Buch mit Haibun vor. Es enthält 31 dieser nach japanischem Vorbild geschriebenen kurzen Geschichten, die oftmals mit einem Haiku enden oder auch beginnen oder auch eines im Text enthalten. Klassischerweise handelte es sich dabei um Reisetagebücher, wie z. B. Matsuo Bashōs (1644–1694) Reisetagebuch „81k uno hosomichi" aus dem Jahre 1689. Norbert Flemmings Buch ist nun kein Tagebuch. Es berichtet jedoch oft von Erlebnissen, die sich, nicht chronologisch geordnet, an verschiedensten Orten, zu verschiedensten Zeiten auf seinen Reisen zugetragen haben.

Der Autor ist ein genauer und empfindsamer Beobachter seiner Umgebung und der dort stattfindenden Interaktionen. Gleichzeitig verschließt er sich nicht seinen subjektiven Gedanken und Gefühlen und verleiht ihnen ebenso wie den objektiven Begebenheiten sprachlichen Ausdruck.

Ein besonderes Merkmal seiner Erzählweise sind die immer wieder eingestreuten Zitate, die sich nahtlos in den Text fügen. In dem Haibun „LA MER "z. B., welches auch der Titel eines Chansons von Charles Trenet ist, stört der Lärm eines Wasser-Bob-Fahrers zwar die Ruhe, doch der Autor lässt sich davon nicht beeindrucken. Er schreibt:

„Trotzdem erfreue ich mich des Idylls aus Sommerhimmel mit Wolken, „die wie weiße Schafe[1]" „auf der blauen Weide dahinziehen[2] ... (S. 8).

Die beiden in Anführungszeichen gesetzten Textstellen stammen, wie der Anmerkung zu entnehmen ist, aus dem Chanson „La Mer" von Charles

Trenet, gekennzeichnet mit [1] und dem Gedicht „Herbstzeitlosen" von Hilde Domin, gekennzeichnet mit [2]. Und so finden sich in den Haibun-Texten immer wieder ausgeliehene Passagen, auf deren Ursprung jedes Mal durch eine Fußnote hingewiesen wird.

Ein eindrucksvolles Erlebnis war sicherlich der Besuch von „La Coupole", einer Bunkeranlage in Nordfrankreich im Department Pas-De-Calais. Hier wollten die Nazis in den Jahren 1943 und 1944 eine Raketenbasis zum Abschuss der V2-Raketen errichten, mit denen Ziele in Südengland und London erreicht werden sollten. Die Anlage konnte jedoch nicht fertiggestellt werden. Gleich zwei Haibun mit den Überschriften „Bauvorhaben 21" auf den Seiten 48/49 und „Bauvorhaben 21(2)" auf den Seiten 50/51 handeln von der Besichtigung dieser Anlage, welche die Planer tatsächlich zu Beginn der Planungen als „Bauvorhaben 21" bezeichneten. Die Assoziation zu Stuttgart 21 liegt hier nahe, auch wenn diese Baustelle in keinster Weise mit der zerstörerischen und Menschen verachtenden Intention ins Leben gerufen wurde, wie die von La Coupole. Einer der Ingenieure war Wernher von Braun, der später ungeachtet seiner Dienste während des Dritten Reiches in Amerika Karriere machte. So endet das Haibun „Bauvorhaben 21(2)" mit dem sehr eindrücklichen Haiku

über Leichen   Schritt für Schritt   zu den Sternen (S. 51)

Die die Prosatexte ergänzenden Haiku sind eine große Stärke dieses Buches. Norbert Flemming fasst mit und in ihnen den Kern seiner Texte auf lyrische Art und Weise wunderbar zusammen.

Erzählerisch ist „NAHAUFNAHME" sehr abwechslungsreich gestaltet. Unterschiedlichste Textformen geben sich hier ein Stelldichein. Das Buch enthält kleine Erzählungen, kurze Berichte, die einer Momentaufnahme gleichen, assoziative Dialoge mal mit einem realen, mal mit einem fiktiven Gesprächspartner und auch, wie schon in „KONTAKTAUFNAHME", Briefe an eine nicht näher definierte Freundin.

Wer sich ein Bild von Norbert Flemmings Haibun machen möchte, kann sie lesen! Kostproben finden sich in der Mitgliederzeitschrift der

82

Deutschen Haiku Gesellschaft SOMMERGRAS 142, 143 und 144. In diesen drei Heften wurde, bevor Norbert Flemming „NAHAUFNAHME“ herausbrachte, jeweils eines der dort enthaltenen Haibun abgedruckt.

Brigitte ten Brink

Schon wieder, mein Lieber, schon wieder?

Rüdiger Jung und Olaf Schmidt: Schon wieder, mein Lieber, schon wieder? Tan-Renga zum zweiten. Paperback. bookmundo verlag. Rotterdam. 2024. 40 Seiten. ISBN 978-9-403-73625-9.

Ein etwas verwundert aussehender kleiner Vogel (ein Spatz?) schaut den potentiellen Leser dieses Büchleins vom Cover an. „Wie, schon wieder Tan-Renga von den beiden?“, scheint er zu fragen. Ja, so ist es. Rüdiger Jung und Olaf Schmidt haben nachgelegt: „Und wieder schicken wir uns an, deutsche Mittelgebirgs-Lyrik auf himalajanische Höhen zu führen.“ (S. 4) schreibt Olaf Schmidt im Vorwort des Nachfolgers ihres Tan-Renga-Buches „Freund, lass uns dichten!“. Im Text auf der Coverrückseite des Buches wird diese Mitteilung ergänzt durch die Feststellung: „Den unvermeidlichen Vorwurf der kulturellen Aneignung tragen sie wie vieles andere auch mit Fassung.“ Hier bekommt der Leser bereits einen Vorgeschmack auf den Humor der Autoren, der auch vor einer selbstironischen Betrachtungsweise keinen Halt macht.

Die aus den Jahren 2013 bis 2023 stammenden Tan-Renga, eine beachtliche Zeitspanne der dichterischen Zusammenarbeit, sind nicht chronologisch, sondern, zum Teil thematisch, in dreizehn Kapiteln angeordnet, von denen einige Überschriften tragen. In Kapitel 1 geht es z. B. um „Natur-Turbulenzen“, das Kapitel 5 ist mit „Bei aller Liebe …“ überschrieben. Unter anderem findet sich auch „Kulinarisches“ (7) oder Betrachtungen zum „Frieden – und womit wir sonst noch fertig werden müssen“ (13).

Einige der Tan-Renga tragen ein Entstehungsdatum, andere sind mit Überschriften versehen. Wie auch schon in den Renga ihres Buches „Freund, lass uns dichten!" schreiben Rüdiger Jung und Olaf Schmidt über Weltliches und Religiöses, über Banales und Philosophisches. Der Leser kann schmunzeln, er kann ins Grübeln kommen, ins Nachdenken und er kann sich anrühren und berühren lassen von diesen Texten.

Hier nun eine Kostprobe aus dem Kapitel „Kulinarisches"

im fischrestaurant:*
der koch macht seine sache
ganz ausnehmend gut

ich hoffe du irrst dich nicht
wir haben fugu bestellt S. 24

Oder folgendes aus dem ersten Kapitel „Natur-Turbulenzen", welches am 31.9.2019 entstanden ist

verbrannte erde
ist was sie hinterlassen
hundstage, kläffend

extreme ereignisse
werfen ihren sonnenglast S. 5

Und ein letztes Beispiel mit der Überschrift „ehe III", 8. Kapitel „Was die Welt bewegt"

sie beendet den
satz den ich beinah fast
begonnen hätte

so ist sie halt, so ist sie:
macht dich einfach sprachlos S. 27

Diese Tan-Renga stehen für sich. Sie brauchen keine Erklärung, keine Interpretation. Sie sind, was sie sind – schlagfertige kleine Texte, die beim Lesen ein Lächeln ins Gesicht zaubern, aber auch zum Nachdenken anregen, geschrieben von „… zwei evangelischen Provinzgeistlichen aus Hessen, die gerne dichten und im hessischen Mittelgebirge vom Himalaja der Lyrik träumen …" So steht es auf der Coverrückseite.

*Rüdiger Jungs Textbeiträge sind in Normalschrift gehalten, Olaf Schmidts sind kursiv gedruckt.

Traude Veran

Kawahigashi Hekigotō: Ausgewählte Haiku

Thomas Hemstege (Übers.): Kawahigashi Hekigotō: Ausgewählte Haiku. edition das haiku. Hamburg 2024, BoD. 180 S. ISBN 978-3-7597-3614-7

Nach einem kurzen Vorwort des Herausgebers Moritz W. Lange tauche ich in die Haiku-Hülle Hekigotōs ein. Erst danach folgt Hemsteges Einführung in Leben und Werk des Autors, sodass ich nun die Haiku ein weiteres Mal, diesmal mit besserem theoretischen Verständnis, lesen kann.

Hekigotō (1873–1937) veröffentlichte mit 19 Jahren nicht nur seinen ersten Haiku-Band, sondern befasste sich auch damals schon mit der Theorie des Haiku. Der unabhängige Denker schuf die Grundlagen für das Haiku in freier Form. Er ging von *shasei* aus, von dem, was man tatsächlich wahrnimmt: Haiku-Dichtung sollte konkret erlebte Situationen durch Dinge und Erscheinungen der wirklichen Welt darstellen. Eine Einstellung, die ich ganz und gar teile. Hekigotō verzichtete später auch auf das strenge Morenmaß. (Dem trägt die Übersetzung insofern Rechnung, als die Silbenzahl im Deutschen der Morenzahl im Original entspricht.)

Nach großen Erfolgen sank Hekigotōs Bedeutung in den späteren Jahren. Heute aber sind seine Gedanken aktueller denn je für alle, die nichttraditionelle Haiku schreiben wollen. Gerade wir, die einem anderen Kulturkreis entstammen und das japanische Denken nicht vorbehaltlos annehmen wollen, können aus diesem Buch viele Anregungen beziehen.

Aber auch wer nur genießen will, findet eine reiche chronologisch geordnete Auswahl von Hekigotōs Haiku vor, die zum Weiterdenken anregt und Einblicke in die Gedanken- und Erlebniswelt eines Japaners aus einer Zeit bietet, die weltweit zu den unruhigsten der jüngeren Geschichte zählt.

Das Lesevergnügen wird nicht unerheblich dadurch gesteigert, dass auf jeder Seite nur ein Haiku steht, dem man sich ganz und gar widmen kann.

Von der Fabrik her
verbreitet sich der Baustellenlärm
mit dem klaren Westwind heute.

Traude Veran

Die frühen deutschen Haiku von Franz Blei und Yvan Goll

Moritz Wulf Lange (Hrsg.): Die frühen deutschen Haiku von Franz Blei und Yvan. edition das haiku, Hamburg 2021², BoD. 120 S. ISBN 978-3-7543-4712-6

Moritz W. Lange hat sich mit der Herausgabe dieses Buches große Verdienste erworben: Kaum jemand weiß, dass Franz Blei und Yvan Goll zu den Pionieren unserer Haiku-Dichtung gehören. Während die bekannten Übersetzer bereits gegen Ende des 19. Jahrhunderts die japanische Lyrik bei uns verbreiteten, sind erst in der Zwischenkriegszeit original deutsche Haiku entstanden, wurden aber mit Ausnahme der hier besprochenen kaum publiziert; und selbst diese sind uns meist, in Archiven und Gesamtausgaben begraben, bisher nur als vereinzelte Zitate begegnet.

Hier sind sie nun in einer punktgenauen Edition versammelt, samt den Begleittexten der beiden Dichter und deren Biografien.

Franz Blei (1871–1941) war gebürtiger Wiener, promovierter Ökonom und revolutionärer Denker. Er beeinflusste mit seinem vielseitigen Wirken als Schriftsteller, Übersetzer, Herausgeber und Förderer junger Talente die Literaturszene seiner Zeit stark.

Blei veröffentlichte 1925 elf Hai-Kai, die, wie er betont, seinem eigenen Kulturkreis zugehören. Er ist überzeugt, mit ihnen eine Form der Lyrik gefunden zu haben, die unserer raschlebigen Zeit entspricht: Das „behäbige Plätschern“ herkömmlicher Gedichte langweilt uns. Die uralte Form des Hai-Kai hingegen ruft „ in möglichst wenig Worten ein möglichst intensives Bild und weites Gefühl“ hervor.

Seine Haiku sind dreizeilig bei freier Zeilenlänge. Weitere japanische Regeln übernimmt er nicht, aber er verzichtet auf Überschriften – für seine Zeit eher ungewöhnlich.

Sterne am Morgen, wie seid ihr bleich!
Es bekommt euch schlecht, o Sterne,
Die Nacht so durchzuschwärmen!

Ivan Goll, geboren als Isaac Lang (1891–1950) in den Vogesen und später in Paris lebend, war sehr produktiv und schrieb in Deutsch und Französisch unter vielen Pseudonymen. Seine mangelnde Bekanntheit ist vielleicht dieser Zersplitterung zuzuschreiben. Er setzte sich intensiv mit dem Surrealismus auseinander. In späteren Jahren verfasste er mehrere Romane.

Goll hinterließ vier Haiku-Zyklen, die ab 1926 in der Zeitschrift „Roland“ veröffentlicht wurden, zwei davon posthum. Seine Hai-Kai verzichten ebenfalls auf Überschriften, auch seine Zeilen folgen keinem festen Längenmaß. Hingegen arbeitet er häufig mit Gegensatzpaaren, einer in Japan beliebten Technik.

Ein dunkler Baumstamm bin ich.
Aber in meinem Grüngezweig
Zwitscherst du.

Horst-Oliver Buchholz

Der Meistersinger

Gerd Börner, „Herdgeflüster", Haiku-Heft 11, Rotkiefer Verlag, Berlin 2024.
ISBN 978-3-949029-33-2

Es gibt Stimmen, die sind leise und eindringlich zugleich. Sie brauchen keine Lautstärke, um bedeutend zu sein. Aus „Herdgeflüster", dem Haiku-Heft Nr. 11 des Rotkiefer Verlags, vernehmen wir eine solche Stimme. Es ist die Stimme des Berliner Poeten Gerd Börner.

Wie schon die vorausgegangenen Hefte der Reihe umfasst auch „Herdgeflüster" 20 Haiku, eine Essenz also aus dem Œuvre der Dichtenden. Die Hefte dürfen als Glücksfall zeitgenössischer Haiku-Dichtung gelten, geben sie in einem kleinen Ausschnitt doch einen tiefen Einblick in die poetische Welt wichtiger Haiku-Stimmen der Gegenwart. „Herdgeflüster", das Heft von Gerd Börner, ist wiederum ein Glücksfall in dieser Reihe. In 20 poetischen Miniaturen, den Haiku, entsteht hier eine ganze Welt. Mit dem kleinen Heft, auf wenigen Seiten, führt uns Gerd Börner an einen weit gefassten Erfahrungshorizont, mal gedanklicher, mal emotionaler Art. Bisweilen auch sinnlich, bis an den Rand des Erotischen wie hier

> *Morgenkaffee –*
> *herrlich duftet die Mühle*
> *zwischen ihren Knien*

Wie dem intimen Milieu des Privaten kontrastierend begegnet uns auch Geschichtliches, wenige Worte nur, die gleichwohl einen Abgrund öffnen, ein Verweis auf große Geschichte vermittelt durch ein kleines Detail.

> *auf seinem Arm*
> *Altersflecke*
> *zwischen der Nummer*

Daneben auch „einfach nur Schönes", Heiteres, wie das inzwischen bekannte, schon beinahe klassische:

im Treppenhaus –
dein Lächeln ist schon oben

An anderer Stelle eröffnen sich buchstäblich neue Perspektiven:

die Häuser im Tal
so nahe sind sie sich
von hier oben

Ein Kunstgriff schimmert aus diesem Haiku, wie sich nämlich aus der konkreten (Berg-)perspektive die Perspektive einer neuen Einsicht, einer neuen Erkenntnis entwickelt. Trefflich gemacht, das ist Poesie!

Die Haiku von Gerd Börner sind von einer großen Klarheit, eine Klarheit, wie sie selten zu finden ist. Es ist die Klarheit reiner Bergluft in frostiger Wintersonne. Nie sind die Worte laut, immer sind sie eindringlich. Poetische Laute sind es, die es vermögen, in einen Stein zu dringen. Sie kommen mit großer Leichtigkeit daher und haben doch Gewicht. Sie wiegen in feiner Skalierung auf, was ein Augenblick sein kann, nämlich ein Menetekel für Größeres, für Allgemeineres. Die poetische Offenheit eines Haiku, hier wird sie meisterhaft Wirklichkeit.

Die Haiku-Hefte des Rotkiefer Verlags gleichen einer Perlenkette zeitgenössischer Haiku-Dichtung. Mit dem „Herdgeflüster" eines Meistersingers wurde ihr ein neues Glanzstück hinzugefügt.

Berichte

Eleonore Nickolay

Mitglieder-Versammlung der DHG
vom 3. bis 5. Mai 2024 in Osterode am Harz

Anreise, am Freitag, den 3. Mai

> Fahrschein
> der QR-Code
> meiner Vorfreude

> Fachwerkstraße
> leben in Elend, Sorge
> und Freiheit

> Zielort Osterode
> zwei Navis
> im Disput

> Harzer Hof
> im Bergsteigerschritt hinauf
> in mein Zimmer

Anmeldung und gemeinsames Abendessen

Die Teilnehmenden erhalten von Renate und Petra liebevoll in Papiertüten verpackte Prospekte, ein Faltblatt des Vereins „Lyrik lebt", einen Stadtplan, ein DHG-Lesezeichen, ein Namensschildchen, einen Schlüsselanhänger mit Motiven aus dem Harz und eine Hexe als Anstecknadel.

Eine Teilnehmerin erzählt, dass sie sich derart von einer Zugnachbarin in ein Gespräch über Haiku verwickeln ließ, dass sie vergaß, an ihrem Umsteigebahnhof auszusteigen!

> Wiedersehensfreude
> mein Kaffee wird kalt

> Tischgespräch 1
> ihre Fotos vom gehäkelten
> Wald

Tischgespräch 2   Abendessen
das lichte Maß   Haiku
des Fliegengitters   in aller Munde

Mitgliederversammlung, am Samstag, den 4. Mai

Der Ausdruck „das lichte Maß" faszinierte nicht nur mich. Am nächsten
Morgen finde ich an meinem Frühstücksplatz, von Christiane Freimann
auf eine Serviette geschrieben, folgendes Haiku:

Mitgliederversammlung
Kastanienkerzen
im lichten Maß

wenig später von Horst-Oliver Buchholz zu einem Tanka ergänzt:

von mir zu dir
ein Haiku nur

Zu Beginn der Mitgliederversammlung gedenken wir der verstorbenen
Mitglieder.
   Petra hat nach Haiku von ihnen gesucht, die sie vorträgt. Auch er-
zählt sie, soweit sie es in Erfahrung bringen konnte, von deren Lebensum-
ständen.

Hildegund Sell   geb. 1933   gest. 12.04.22   16 Jahre Mitglied

In der Sonne
ein Teller voll Licht
mit Goldrand

Ursula Köker   geb. 1924   gest. 30.08.23   24 Jahre Mitglied
schrieb selbst keine Haiku.

Spruch von der Trauerkarte:

Tod ist Leben
Sterben Pforte
Alles nur Übergang

Werner Buschmann   geb. 1951   gest. 26.09.22   4 Jahre Mitglied

Geduld, Geduld!
Noch kriecht die kleine Schnecke
auf dem Spatenblatt

Christiane Ufer   geb. 1941   gest. 27.10.22   17 Jahre Mitglied

Die Bambusblätter
malen mit ihren Schatten
den Wind an die Wand

Barbara Meilinger   geb. 1956   gest. 26.11.22   15 Jahre Mitglied

Rosenduft
in einer anderen Welt
für einen Augenblick

Elke Bonacker   geb. 1952   gest. 05.01.23   6 Jahre Mitglied

reformationstag
hier und da leuchten
Kürbisköpfe

Ingrid Töbermann   geb. 1956   gest. 13.04.23   9 Jahre Mitglied

Heimkehr im Frühling
in der alten Kirche
den Taufstein berührt

Die Haiku der verstorbenen Mitglieder berühren uns sehr, und unser Dank gilt Petra, die sie zusammentrug.

ihr letztes Haiku
die lange Liste
der Verstorbenen

Nach einer Schweigeminute wenden wir uns der Tagesordnung zu. „SOMMERGRAS" ist dabei mehr als nur ein Top: eine Herzensangelegenheit!

Haiku   Top Sommergras
was uns verbindet   die Diskussion treibt
was uns trennt   wilde Blüten

Haiga: Claudia Brefeld

Lesebühne, am Samstag, den 4. Mai um 18 Uhr

Es lesen DHG-Mitglieder und Autoren und Autorinnen aus dem Verein
„Lyrik lebt"

Lesung
die Magie
der drei Zeilen

Partnerdichtung
am Ende der Lesung
umarmen sie sich

Waldsterben
im Harz lebt
die Lyrik

Sonntag, den 5. Mai

Im Angebot sind ein Senryu-Workshop mit Klaus-Dieter Wirth oder
Haiku-Spaziergänge (Ginko) entweder an der Söse oder an der Stadtmauer
entlang oder ein Besuch der Marienkirche.

Ginko
der wippende Gang
der Bachstelze

entlang der Söse
gegen den Strom
eine junge Forelle

ehemalige Kornkammer
nebenan wünscht McDonald
guten Happetit

Maigrün
in der Hand der Duft
von Bärlauch

toter Baumstamm
die Lebenswege
des Borkenkäfers

Haiku-Spaziergänger
in Reih und Glied
der Farn

Ingrid Meinerts

vorglühen
Haiku-Gespräche
am Frühstückstisch

feixende Zaungäste
lassen sich bitten
Mitgliederwerbung

Ginko entlang der Söse
eine Blindschleiche
traut ihren Augen nicht

Haiga: Eleonore Nickolay

Frank Sauer

halb lesbar
die Infotafel am Wehrturm
übersprüht

Zimbelkraut
in den Fugen der Mauer
krabbelt und summt es

ein Kichern
hinter der grauen Mauer
zwei Mädchen

im Sonnenschein
huscht eine Eidechse
auf der Stadtmauer
über das Herz-Graffito
Leo liebt Maya

Haiga: Beate Koepsell

Sylvia Hartmann

mit den Augen
in gelben Feldern baden
Zugfahrt im Mai

Osterode
Stadt mit Ecken und Kanten
doch schön geschmückt

alte Stadtmauer
ein starker Schutz
nun vor der Sonne

Volker Friebel

Wanderung vom Brocken nach Ilsenburg

Wildgänse –
hoch über den Gleisen, schreiend
dem Horizont zu.

Unser Zug durchbricht
die Grenze. Das Lachen
der Brockenhexen.

So war das auf der Fahrt vom Haiku-Treffen in Osterode beim Umstieg auf dem Bahnhof Ringelheim, als der Blick hoch in die Schreie des Keils am Himmel ging, und auf der weiteren Fahrt nach Wernigerode, als der Zug über die frühere innerdeutsche Grenze fuhr.

In Wernigerode (234 Meter über dem Meer) steigen wir nun in einen Dampfzug. Die Lok heult auf und windet sich mit dem Gefolge ihrer Waggons die Hänge des Brocken hoch (Bahnhof auf dem Gipfelplateau 1.125 Meter über dem Meer, der Gipfel selbst liegt noch 16 Meter höher). Fast zwei Stunden dauert die Fahrt.

Unser Blick schweift von den Dampfschwaden der Lok zu den

abgestorbenen Fichtenwäldern der Hänge, und wir schauen uns an, die Worte eines Försters im Ohr, so erhalte der Wald Gelegenheit, sich kraftvoll und natürlich zu regenerieren.

Tatsächlich sehen wir zwischen den kahlen Stämmen junges Grün. Trotzdem schüttelt es uns. Und der Mensch ist immer noch da. Wir sind immer noch da. Auch wenn ich selbst mich formal von den Menschen verabschiedet und den Bären zugewandt habe.

Pfeifende Dampflok –
unmerkbar leicht das Zittern
der toten Fichten.

Es ist mein Zittern. Weshalb sollten die Fichten denn zittern, selbst wenn sie könnten. Der Zug nimmt eine letzte Wendung – und schnaubt pfeifend in den Bahnhof ein.

Nachdem wir ausgestiegen sind, stapfen wir durch seinen Dampf. Doch Walpurgisnacht ist vorüber, wir kommen wenige Tage zu spät. Nicht zu spät allerdings für den Brockenwirt und die Versuche, selbst aus der Abwesenheit jeglicher Hexen noch ein Geschäft zu machen.

Der Gipfel des Brockens ist nicht sehenswert. Doch der Blick in die Weite ist schön. Wir entdecken auf unserem Rundgang zwischen teils toten, teils grünen Wäldern die Eckertalsperre, durch deren Mitte die Grenze ging, dahinter die Dächer von Bad Harzburg. Etwas rechts davon muss Ilsenburg liegen, unser Wanderziel, zwölf Kilometer entfernt, 927 Höhenmeter unter uns, und noch weiter rechts Wernigerode, wo der Dampfzug losfuhr.

Wo wir nun stehen, endet der Hirtenstieg, auf dem Heinrich Heine einst wanderte und der deshalb heute seinen Namen trägt. Er ist eine Panzerstraße geworden.

Denn der Brockengipfel gehörte zur DDR, er war für Wanderer unzugänglich, hier stand eine militärische Horchstation der Sowjetunion. Auf der Fahrt mit der Dampflok haben wir in der Ferne über den toten Fichten das Gegenstück des Westens zum Brocken gesehen, den Wurmberg. Was wir dort für einen Turm hielten, ist allerdings eine ehemalige

Sprungschanze. Der Abhörturm der US-Amerikaner wurde abgerissen.

Brockengipfel.
Nur noch die Steine lauschen
dem Menschengeschwätz.

Auf den Panzerplatten beginnt unser Abstieg. Anfang Mai ist es kühl, erstaunlicherweise auch windstill. Die wenigen Bäume auf dem Plateau sind allerdings Windflüchter.

Überall neu aufgeschossene Fichten. Verlorene Kinder eines hoffnungslos gewordenen Forstes sind sie wild gewachsen und werden wild sterben, während die Natur über sie hinweggeht und sich nach und nach ihren Wald mit anderen Arten von Bäumen zurückholt.

Die Menschen sitzen immer noch in ihren Planungsbüros, beim Versuch der Optimierung untragbarer Bewirtschaftungen und Lebensentwürfe, um die strömende Erde dort festzunageln und zu konservieren, wo sie für uns zu stehen scheint: Begrenzung der Erderwärmung, Erhaltung der Artenvielfalt, Verminderung des Ausstoßes von diesem und jenem — und nebenbei tätigen sie neue Geschäfte, etwa den Handel mit Verschmutzungsrechten, steuerpflichtig, zertifiziert.

Die Natur geht über alles hinweg. Manches Leben, auch der Mensch, wird zu den Arten gehören, die drei oder vier oder fünf Grad Celsius über dem Beginn des Industriezeitalters verkraften können oder in diesen neuen Verhältnissen erst so richtig aufblühen. Anderes wird aussterben. Die Evolution aber wird sich fortsetzen, und das Leben wird wie immer alle Winkel der Erde erfüllen.

Eine Dampflock pfeift
hinein in die Lieder der Fichten,
der Vögel.

Hirtenstieg heißt zwar der Weg. Doch die Spur Heinrich Heines, der bei seinem Aufstieg tatsächlich einem Hirten begegnete, ist unter den Panzerplatten verschwunden — außer, die Vögel hätten etwas vom Dichter aufgenommen in ihren Gesang, etwas von seinem Atem, ein paar Lieder die er gesungen hat. Vielleicht finden sich in den Tönen dieser Amsel, die in einem Fichtenskelett zu flöten begonnen hat, tatsächlich ein paar Wendungen, die auch in der Prosa Heines schon vorkamen und in seinen Liedern.

Liegengeblieben
am Weg ein Auto ohne Schild.
Aufschießendes Grün.

Über die Panzerstraße
läuft Quellwasser,
schmirgelt am Beton.

Irgendwann sind die Panzerplatten verschwunden. Doch was wird dann sein?

Mir scheint, da ist etwas, das durch all die Wirtschafts-, Regierungs- und Gesellschaftssysteme, die seit zwei Jahrhunderten einander ablösen, hindurchgeht, etwas Falsches, Hässliches, auch in unserem. Und womöglich liegt das Problem gar nicht bloß in der Art dieser Systeme, sondern tief und unveränderbar im Wesen des Menschen. Der aber doch auch gut ist oder gut sein will.

Immerhin verlässt unser Weg nun die Panzerplatten, wird zum Wirtschaftsweg – und der zum Waldpfad. Dass hier Heine ging, will ich glauben, denn die Bäume und die Wurzeln, über die wir gelegentlich stolpern, sehen so aus, als kennten sie derlei sinnlose Gedanken schon von zahllosen Wanderern, Bären und Schmetterlingen.

Bald treffen wir auf die Ilse. Was für ein schöner Bach! Neben ihr geht es weiter zu Tal, am Rauschen, am Gurgeln, am Jubeln, am Lachen die Schnellen entlang aus den neu entstehenden Wäldern in die Verwirrung der Menschenwelt.

Der tote Baum –
heiter berührt vom Klang
des Gebirgsbachs.

Der neue Vorstand

Herzliche Verabschiedung von Stefan Wolfschütz unter großem Applaus der Versammlung. Die Vorstandsmitglieder überreichen Geschenke aus ihren Heimatregionen.

Nach 19 Jahren im Vorstand kandidiert Stefan Wolfschütz in Osterode nicht noch einmal. Mitglied der DHG ist er seit 2002. Ihm haben wir unser Portal HALLO HAIKU zu verdanken, das er in nächtelanger Arbeit aufbaute und als Webmaster betreute. Auch pflegte er die Kontakte mit den Mitgliedern, sei es telefonisch, per E-Mail oder über das Formular unserer Webseite. Er hatte die Idee zur Virtuellen Haiku Gruppe und half bei der Umsetzung. Seine Kenntnisse in Informatik und Erfahrungen im Vereinswesen kamen uns so jahrelang zugute. Nun agiert er weiter im Hintergrund und wird uns helfen, seine Aufgaben zu übernehmen. Allerdings suchen wir dringend ein Mitglied, das als Webmaster fungieren könnte.

Der neue Vorstand von links nach rechts: Klaus-Dieter Wirth, Peter Rudolf, Eleonore Nickolay, Horst-Oliver Buchholz, Frank Sauer, Tobias Tiefensee und Petra Klingl

Neu in den Vorstand wurde Tobias Tiefensee gewählt. Er ist Jahrgang 1984 und lebt in Bremerhaven. Er ist Pädagoge mit Zusatzqualifikation. Seit 2017 schreibt er Haiku. 2019 trat er in die DHG ein und gewann im selben Jahr den ersten Haiku-Preis von Haiku-Heute.

2023 ist von ihm im Rotkiefer Verlag das Haiku-Heft 8 mit dem Titel „Zwiegespräch mit der Stille" erschienen. Er veröffentlicht in Anthologien, Kalendarien, Onlinepräsenzen und im Sommergras.

Helga Schulz Blank

Haiku-Spaziergang durch Esslingen/Neckar am 14. April 2024

Wie erhofft, zeigte sich das Wetter an diesem Sonntag von seiner besten Seite. Jutta Weber-Bock, Helga Danzer, Wolfgang Haenle aus Stuttgart, Johann Reichsthaler aus Fellbach, Volker Friebel aus Tübingen, Gunter Kofler, Anna Bovensmann und Helga Schulz Blank aus Esslingen trafen sich zum Spaziergang – den Helga Schulz Blank unter das Motto: „Bäume und Brunnen" gestellt hatte.

Die alte Reichsstadt Esslingen mit stolzer Vergangenheit: 777 zum ersten Mal urkundlich erwähnt, lag bereits zur Zeit der Karolinger an einem europäischen Fernhandelsweg und war ein wichtiges Pilgerzentrum. Der Apotheker- oder Paracelsus Brunnen liegt an diesem Fernhandelsweg, heute ist es Fußgängerzone. Er ist ein neuer Brunnen, der 1977 von Apothekern und Ärzten zur 1.200-Jahrfeier von Esslingen gestiftet wurde. Im 13. Jahrhundert erlebte die Stadt als bedeutendes Zentrum von Weinbau und Weinhandel ihre zweite Blüte. Seit 1826 beherbergt die Altstadt Deutschlands älteste Sektkellerei Kessler, die seitdem ohne Unterbrechung Schaumwein herstellt. Im 19. Jahrhundert wurde Esslingen zu einem Motor der Industrialisierung in Süddeutschland. Davon zeugt die Fabrikantenvilla „Villa Merkel" mit ihrem wunderbaren Park. Der Park und die Villa gehören heute der Stadt und beherbergen Kunst. Aktuell mit der Ausstellung: „Die Sinne der Pflanzen". Im Park steht das Naturdenkmal Blutbuche neben Eichen, Pyramidenpappeln, Linden, Kastanien, Magnolien und anderen Bäumen. Die Rotbuche ist von einem Pilz befallen, ihre Rinde muss durch einen Anstrich geschützt werden. Sie ist 200 Jahre alt, genau wie der wunderbare Ginkgo, der außerhalb des Parks neben einem Bankgebäude, an einer sehr befahrenen Straße, steht.

Ihr lieblingsginkgo
grün seit zweihundert jahren
gold im herbst
    Johann Reichsthaler

bestrichen ihr Stamm
Sonnencreme – die Blutbuche
ohne Nachbarschutz
    Helga Schulz Blank

Unter den Bahngleisen liefen wir aus dem Park heraus, an einem Nebenarm des Neckars entlang, gesäumt von Platanen und alten Villen mit Bootsstegen. An der Wasserrutsche neben der Fischtreppe beobachteten wir einen Kanuten, der Mühe hatte, trocken nach unten zu rutschen.

In der Küferstraße steht der Eichbrunnen, ein Nachbau von 1981. Er ist der älteste Brunnen Esslingens aus dem Jahr 1279. Im 18. Jahrhundert wurden Brunnen zur Trinkwasserversorgung und zum Waschen benötigt, heute sind sie beliebte Anziehungspunkte. In Esslingen haben wir 77 Brunnen, die kein Trinkwasser führen. Aber den Esslinger Bürgern stehen in der Innenstadt drei Trinkwasserbrunnen zur Verfügung.

Das Wolfstor war einst Teil der Stadtbefestigung, wurde um 1220 gebaut, durch den Torturm führte die Fernhandelsstraße nach Speyer und Ulm. Sein Name stammt vom Aussehen der verwitterten Stauferlöwen.

fünf euro bettler
wolfstor am entengraben
gib ihm die daunen
    Jutta Weber-Bock

schmachtfetzen in der
küfergasse am brunnen
fehlt das trinkwasser
    Jutta Weber-Bock

der teufel versucht
die marktfrau, will den apfel
kriegt eine zwiebel
    Jutta Weber-Bock

Der Ottilienbrunnen, gleich nach dem Wolfstor, achteckig sein Trog, wurde 1711 erbaut, hat auf der Säulenspitze eine Lotusblüte, speiste damals mit schwefelhaltigem Heilwasser. Weiter ging es zum Zwiebelbrunnen, einem sehr modernen Brunnen, der Bezug auf die Sage nimmt – „der

Teufel wurde aus Esslingen vertrieben, indem er in eine Zwiebel biss, anstelle eines Apfels, den er von der Marktfrau verlangt hatte."

Am Hafenmarkt, dem bekanntesten Altstadtplatz Esslingens, steht der achteckige gusseiserne Hafenmarktbrunnen, 1717 erbaut, an den Ecken Nymphenfiguren.

in der fachwerkstadt
siebenundsiebzig brunnen
toben und kein trinkwasser
    Wolfgang Haenle

namenlos im park
skulpturen verabredet
mit der einsamkeit
    Wolfgang Haenle

sichtbar unsichtbar
tauchen, tunken und toben und kein trinkwasser
nixen am brunnen
    Johann Reichsthaler

Über Kopfsteinpflaster gelangten wir zur ältesten Fachwerkhäuserzeile Deutschlands und zum alten Rathaus, das 1422/23 als Kauf- und Steuerhaus errichtet wurde. Davor der Adlerbrunnen. Er entstand 1360 im gotischen Stil. Im 18. Jahrhundert wurde er umgestaltet, und 1931 bekam er sein heutiges Gesicht, ein Mahn-Kriegerdenkmal für die Gefallenen des 1. Weltkriegs. Unter der Stadtkirche St. Dionys mit ihren markanten Türmen liegt die Keimzelle Esslingens. Sie ist der dritte Bau an dieser Stelle, stammt aus dem 13. und 14. Jahrhundert. Ein Verbindungssteg zwischen den Türmen wurde um 1600 aus statischen Gründen notwendig. Die Glasfenster und der Chor sind sehr eindrucksvoll. Das Münster St. Paul liegt an der anderen Seite des Marktplatzes. Es gilt als die älteste Bettelordenskirche Deutschlands und besticht durch Schlichtheit. Sie gehörte zum angrenzenden Dominikanerkloster und wurde 1286 von dem Heiligen und Universalgelehrten Albertus Magnus geweiht. Im Klostergarten kann man den ehemaligen Kreuzgang des Klosters heute noch erkennen.

Über den Hof der Schule gelangten wir in den schattigen Klostergarten, spürten Stille. In den Beeten verschiedene Kräuter, wir rätseln an einem Baum – ist es eine Quitte? Vom Walnussbaum fielen „Würmer".

106

Heißer Sonnentag –
im Schatten des Klosterhofs
Apfelblütenflug.

Helga Danzer

Kastanienkerzen.
Im Schatten der junge Penner
dreht sich eine.

Volker Friebel

Kastanienblüten.
Mit den tanzenden Schatten
tanzt ein Kind

Volker Friebel

Auf dem Schulhof
am Sonntag Familien.
Ich rieche Gras.

Helga Schulz Blank

Es geht zum Postmichelbrunnen, zentral in der Altstadt, der wichtigste Brunnen. Er liegt an der Hauptwegeverbindung zwischen Flandern und Oberitalien. Schon 1381 tauchte er als Fischbrunnen auf, wurde wohl als Fischkasten benutzt, sie fischten im nahen Roßneckar. Der heutige Brunnen stammt von 1916 und erzählt in Reliefs die Szenen einer Sage: Ein Bürger wurde ermordet aufgefunden, ein Botenreiter fand beim Tatort einen Ring, steckte sich diesen an den Finger, um ihn später beim Amt abzugeben. Er prahlte aber vorher im Wirtshaus damit, wurde verdächtigt und festgenommen. Er legte unter Folterqualen ein Geständnis ab. Er erbat sich als letzte Gnade auf seinem Schimmel zum Richtplatz zu reiten und ins Horn blasen zu dürfen. Das wurde ihm gestattet. Bei seiner Hinrichtung hörte man Hufgetrappel und Hornblasen. Jedes Jahr zur St. Michaelsnacht erschien ein kopfloser Reiter, der ins Horn blies.

Im Biergarten am Wasser genossen wir eine Erfrischung an dem angenehm warmen Apriltag.

Der nächste Haiku-Spaziergang findet am 27. Oktober 2024 unter Führung von Jutta Weber-Bock und Wolfgang Haenle in den Hohenheimer Gärten, Stuttgart, statt. Treffpunkt: Platane am Spielhaus (Nationalerbe), 13:00 Uhr, Anmeldung und Infos: jwb@weber-bock.de

Jana Neufang

Haiku-Spaziergang am Strand von Cuxhaven
Eine inspirierende Seminarveranstaltung des Deutschseminars von Frau Robke bei Nordsee-Wetter

In der letzten Fachseminarveranstaltung im Fach Deutsch (Sek I) vor den Sommerferien trafen wir uns zum Abschluss bei Wind und Wetter am Döser Strand, um einen Haiku-Spaziergang zu machen. Diese kreative Idee wurde von unserem Begleiter Tobias Tiefensee, einem engagierten Mitglied der Deutschen Haiku-Gesellschaft, geleitet.

Tobias Tiefensee begann mit einer Einführung, in der er uns zunächst in die Welt des Haiku einführte. Er erklärte uns, was Haiku sind, welche Bedeutung sie in der Literatur haben und was es bedeutet, Mitglied der Deutschen Haiku-Gesellschaft zu sein. Zudem gab er uns wertvolle Tipps und Techniken an die Hand, wie wir am besten Haiku verfassen können.

Mit diesem Wissen ausgerüstet, starteten wir unseren Strandspaziergang. Ziel war es, die Natur und die Umgebung bewusst wahrzunehmen und diese Eindrücke festzuhalten. Trotz des Regens war die Atmosphäre am Strand magisch – die frische Brise, der Blick auf das Wattenmeer und die unterschiedlichen Farben, die durch die Sonne reflektiert wurden, boten eine Fülle von Inspiration. Wir notierten unsere Beobachtungen und Gedanken als Stichpunkte auf unseren Zetteln.

Unser Weg führte uns zur Kugelbake, dem Wahrzeichen von Cuxhaven, wo wir einige Erinnerungsfotos schießen konnten, was aufgrund des Windes eine lustige Herausforderung darstellte – Stichwort „Sturmfrisuren".

Um an einem ruhigeren Ort aus unseren Stichpunkten Haiku zu formen, suchten wir eine Strandbar auf. Hier tauschten wir unsere Ideen aus und vertieften uns in die Kunst des Haiku, eines japanischen Kurzgedichts, das insgesamt nicht mehr als 17 Silben in drei Zeilen aufweist. Tobias hatte viele interessante Geschichten und Beispiele aus der Haiku-Welt parat. Dank dieser produktiven und inspirierenden Sitzung konnten wir einige wunderbare Haiku schreiben:

trüber blick aufs meer
am frühsommernachmittag
bricht der himmel auf

    Jana Neufang

Der kleine Vogel
ignoriert das Verbotsschild
zu seiner Freiheit

    Darja Löschner

Sonne ist Treibgut
Himmel und Watt – Ton in Ton
Lichtblicke

    Susanne Robke

Strandspaziergang
vor mir der Sand
unberührt

    Tobias Tiefensee

Der Tag endete mit einem gemeinsamen Abendessen, bei dem wir uns auch über die Anwendung im eigenen Unterricht austauschen konnten.

Mit frischen Ideen gehen wir nun in die Sommerferien.

Ein herzliches Dankeschön an Tobias Tiefensee für diese „etwas andere" Seminarveranstaltung!

Foto: Paul Bernhard und Haiku: Claudia Brefeld

Mitteilungen

Neuveröffentlichungen

1. Kawahigashi Hekigotō: Ausgewählte Haiku. In der Übersetzung von Thomas Hemstege. Erschienen in der edition das haiku. Norderstedt, 2024. Paperback, 180 Seiten. ISBN 978-3-7597-3614-7.

2. Gerd Börner: Haiku-Heft 11 „Herdgeflüster", präsentiert einen Querschnitt aus dem Schaffen des Haiku-Dichters, 10,8 x 17 cm, Paperback 48 Seiten.
ISBN: 978-3-949029-33-2. Rotkiefer Verlag 2024.

3. Sabine Sommerkamp: „Im Herzen des Gartens", Tanka- und Haikusammlung, erweiterte Neuauflage, 12 x 19 cm, 92 Seiten, Hardcover. ISBN 978-3-949029-26-4, Rotkiefer Verlag 2024.

4. Frank Dietrich: „Blaue Gedichte", mit TANKA durch das Leben, Nachwort: Tony Böhle, Fotos: Petra Klingl, 12 x 19 cm, 116 Seiten, Hardcover. ISBN 978-3-949029-31-8. Rotkiefer Verlag 2024.

5. Wolfgang Gründer: „Quadratur des Augenblicks", 40 Haiga; 17 x 17 cm, Hardcover, 96 Seiten, ISBN 978-3-949029-35-6, Rotkiefer Verlag 2024.

6. HAIKU-KALENDER 2025, mit Haiku durch das Jahr, ein Monatskalender zum Aufhängen und Liebhaben, A4 Wandkalender, 12 Monate, exklusiv nur über den Shop beziehbar: www.rotkiefer-verlag.de/shop

7. Gontran Peer und Maren Schönfeld: „Raumperspektiven", Lyrik nach japanischem Vorbild, 74 S., Taschenbuch, Verlag Expeditionen, Hamburg 2024. ISBN 978-3-911320-01-6

8. Heinrich Korella und Maren Schönfeld: „… was schert es den Wind", Renga, 126 S., Hardcover, elbaol verlag für printmedien, Meldorf 2023. ISBN-13: 9783939771944

Sonstiges

1. Am 10. November 2024 findet von 10 bis 16 Uhr in Wiesbaden-Bierstadt, Hofstr. 2, altes Schulgebäude, ein Haiku-Workshop statt.
   Auskunft und Anmeldung: Ruth Karoline Mieger
   E-Mail: rkmieger@gmx.de, Telefon 0611-6092892

2. **Haiku-Workshop** mit Moritz Wulf Lange
   Ort: VHS Buxtehude
   Zeit: Samstag, 09.11.2024 nachmittags (15–18 Uhr)
   Anmeldung: über die Webseite der VHS (www.vhs-buxtehude.de)

3. **Haiku-Preis 2024**
   Haiku heute schreibt das sechste Jahr einen Haiku-Preis aus.
   Modalitäten: Die Teilnahme ist frei. Jeder Autor kann **ab sofort bis einschließlich 31.10.2024 bis zu zwei eigene Haiku in deutscher Sprache** einreichen, die bisher nicht öffentlich geworden sind. Diese sollten bis zum 30.11.2024, dem Abschluss der Auswahl, nirgendwo veröffentlicht werden. Das Thema der Texte ist frei. Ein Haiku sollte aus möglichst nicht mehr als drei Zeilen und möglichst nicht mehr als 17 Silben bestehen.
   Auswahl: Die Auswahl der Haiku trifft Angelica Seithe. Auf ihrer Präsenz einiges zu ihrer Person: www.angelica-seithe.de. Kurzgedichte von ihr finden sich in allen Haiku-Jahrbüchern ab 2012.
   Gewinn: Die drei Bestplatzierten erhalten Zertifikate ihres Abschneidens.
   Koordination: Die eingereichten Haiku sammelt Volker Friebel, der selbst keine Haiku einreicht.
   Rechte: Die Rechte an allen Haiku bleiben bei ihren Autoren. Bei ausgewählten Haiku nimmt Haiku heute die nicht-exklusiven Veröffentlichungsrechte von Haiku und Autorenname für seine Seiten in Anspruch sowie für einen Bericht zum Haiku-Preis, der auch an anderen Stellen und in anderen Medien erscheinen kann, sowie für das Haiku-Jahrbuch und eine von Volker Friebel zusammengestellte Anthologie

des deutschsprachigen Haiku (Papierdruck und elektronische Ausgaben). Die Autoren von ausgewählten Haiku können ihre Texte nach Veröffentlichung des Ergebnisses weiterhin frei verwenden.

Widmung: Der Haiku-Preis bietet Gelegenheit, auf besondere Personen der Haiku-Dichtung hinzuweisen. Im Jahr 2024 ist der Preis Erika Schwalm (1941–2005) gewidmet. Sie lebte in Frankfurt am Main, war international anerkannte Ikebana-Meisterin, Gründerin des Frankfurter Haiku-Kreises und Gründungsmitglied der Deutschen Haiku-Gesellschaft. Hier ihre Gedächtnisseiten auf Haiku heute: www.haiku-heute.de/archiv/zur-erinnerung-an-erika-schwalm.

Einreichadresse: Die Haiku bitte in das Formular auf der folgenden Netzadresse eintragen. Einsendungen auf anderem Weg können leider nicht akzeptiert werden: www.haiku-heute.de/haiku-preis

4. **Ikebana-Workshop** mit Moritz Wulf Lange (Blumenname: Ryusen – Weide am Fluss)
Ort: VHS Buxtehude
Zeit: Samstag 23.11.2024 nachmittags (15–18 Uhr)
Anmeldung: über die Webseite der VHS (www.vhs-buxtehude.de)

Auszeichnungen

a color by no name horizon line   eine namenlose Farbe Horizont

Stefanie Bucifal
"Commended"
Martin Lucas Haiku Award 2023

if I were to choose   dürfte ich wählen
I would be a blade of grass   wär ich ein Grashalm
caressed by dewdrops   geküsst vom Tau

Stefanie Bucifal
"Winning Poem"
The 6th Basho-an International Haiku
Competition

Mentoring

Für das **Haiku- und Haiga-Mentoring** stellt sich Claudia Brefeld zur Verfügung. post@claudiabrefeld.de

Erratum

SG 145 Seite 58: Es fehlt das Haiku von Thomas Berger, das er für die Mitgliederseite vorgesehen hatte:

Warum
so verschämt umwölkt
das Vollmondantlitz

Der HTA-Koordinator Peter Rudolf bittet den Autor um Entschuldigung.

Cover

Das Bild für das Cover dieser Ausgabe stammt von Gabriele Buschmann. Gabriele Buschmann wurde 1953 in Wiesbaden geboren und lebt in Niederseelbach im Taunus. Sie ist seit 2006 passionierte Makrofotografin und liebt es, stundenlang mit der Kamera die Natur zu erkunden. Gedichte schreibt sie schon länger; Haiku seit 2016.

Impressum

Vierteljahresschrift der Deutschen Haiku-Gesellschaft
37. Jahrgang – September 2024 – Nummer 146

Herausgeber: Vorstand der DHG
Tel.:+49 471 41875156
E-Mail: info@haiku.de

Redaktion: Horst-Oliver Buchholz, Eleonore Nickolay, Sylvia Hartmann
Mitarbeit: Claudia Brefeld

Titelillustration: Gabriele Buschmann
Covergestaltung: Martina Khamphasith

Lektorat   Gabriele Buschmann, Martina Khamphasith
Satz und Layout: Martina Khamphasith

Freie Mitarbeit erwünscht. Ihre Beiträge schicken Sie bitte per

E-Mail an: Horst-Oliver Buchholz, Eleonore Nickolay:
redaktion@sommergras.de

Post an: Petra Klingl, Wansdorfer Steig 17, 13587 Berlin

Über die Veröffentlichung der Beiträge entscheidet die Redaktion. Die Meinung unserer Autoren muss sich nicht immer mit der Meinung der Redaktion decken. Die Beiträge werden von uns sorgfältig geprüft, für die Richtigkeit, Vollständigkeit und Aktualität der Inhalte, insbesondere der fremdsprachlichen Texte, können wir jedoch keine Gewähr übernehmen.

Einsendeschluss
für die Haiku- und Tanka-Auswahl: 15. Oktober 2024
Redaktionsschluss: 20. Oktober 2024

© Alle Rechte bei den Autoren.
Nachdruck nur mit Genehmigung des Herausgebers gestattet.

Jahresabonnement Inland (inkl. Porto) 45 €
Jahresabonnement Ausland (inkl. Porto) 55 €
Einzelheftbezug Inland (inkl. Porto) 12 €
Einzelheftbezug Ausland (inkl. Porto) 14,50 €
Auslandsversand nur auf dem Land-/Seeweg.

Der Mitgliedsbeitrag beträgt 45 € im Jahr und beinhaltet die Lieferung der Zeitschrift (Inland inkl. Porto, Ausland + 10 € Porto).
Die finanzielle Unterstützung der DHG quittieren wir mit Spendenbescheinigungen.